ANNUAIRE

DU

CINQUANTENAIRE

DE

la Société Vétérinaire de la Marne

(1846-1896)

AVEC UN APPENDICE DE 1896 A 1900

Par L. MAGNIN,

Vétérinaire militaire, membre correspondant.

PRÉFACE

DE

M. COLLARD,

Président de la Société.

CHALONS-SUR-MARNE,

IMPRIMERIE TYPOGRAPHIQUE-LITHOGRAPHIQUE DE L'UNION RÉPUBLICAINE
rue d'Orfeuil, 27, rue Gambetta, 10

—

1902

ANNUAIRE

DU

CINQUANTENAIRE

DE

la Société Vétérinaire de la Marne

(1846-1896)

AVEC UN APPENDICE DE 1896 A 1900

PAR L. MAGNIN,

Vétérinaire militaire, membre correspondant.

PRÉFACE

DE

M. COLLARD,

Président de la Société.

CHALONS-SUR-MARNE,

IMPRIMERIE TYPOGRAPHIQUE-LITHOGRAPHIQUE DE L'UNION RÉPUBLICAINE
rue d'Orfeuil, 27, rue Gambetta, 10

—

1902

PRÉFACE

La Société Vétérinaire de la Marne *étant vieille déjà d'un demi-siècle, j'avais projeté, à l'occasion de la célébration de son cinquantenaire, de publier un Annuaire de ses travaux pendant cette période. Il me paraissait bon de faire une sorte d'historique de la médecine vétérinaire, plus spéciale au département de la Marne ; un coup d'œil rétrospectif jeté sur le chemin parcouru, devant donner une conception plus nette de l'avenir et de ce qu'il réserve.*

Si notre profession a été quelque peu empirique à ses débuts, elle s'est vite affirmée comme tout à fait scientifique et s'est de bonne heure assimilé ce que la médecine humaine pouvait avoir d'utile pour elle ; en sorte qu'actuellement elle marche de pair avec elle, dirigée par les Maîtres de nos Ecoles, chargés de dispenser l'enseignement aux générations nouvelles.

Il faut louer avec eux cette phalange de praticiens, travailleurs d'avant-garde, à qui les organismes microbiens dévoilent tous leurs secrets, tant sur le champ du microscope que dans les expériences du laboratoire. Réunis à ces mêmes Maîtres, ils travaillent

avec ceux de la médecine humaine, au sein des Académies et des Sociétés savantes, à faire progresser la science au profit de l'humanité tout entière.

D'autres, poussés par les circonstances et doués d'aptitudes spéciales, sont appelés dans les assemblées politiques délibérantes par les suffrages de leurs concitoyens. Ils y rendent des services d'un autre ordre, mais aussi d'une grande valeur.

A côté d'eux, enfin, vivent et travaillent le plus grand nombre des Vétérinaires des villes et des campagnes, qui, absorbés par leurs obligations de clientèle, ne peuvent ou ne veulent pas en sortir. Ceux-là pour la plupart, ne restent pas indifférents aux questions professionnelles quelles qu'elles soient. Leur rôle plus modeste n'est pas moins important : ils contrôlent les découvertes des savants et en appliquent les résultats dans leur pratique journalière. Ce sont eux qui, de longue date, ont provoqué la fondation de ces Sociétés départementales ou régionales plus ou moins étendues, dont la devise est

« Travail, Honneur, Solidarité. »

Plusieurs fois dans l'année, ils se réunissent pour se voir, pour causer du métier et se sentir les coudes ; ils se trouvent ainsi mieux outillés pour défendre leurs intérêts contre toute attaque, d'où qu'elle puisse venir.

C'était l'œuvre d'une de ces Sociétés, une des premières fondées, que je désirais retracer, croyant

qu'elle n'a pas été sans rendre quelques services dans la sphère où elle a exercé son action. A mon grand regret, pressé par les occupations de chaque jour, j'étais toujours dans la nécessité de reculer ce travail de longue haleine, quand un de nos membres correspondants des plus distingués, M. Magnin, se rencontrant avec moi dans la même idée, me proposa de rédiger une Table Analytique des travaux de notre Société, depuis sa fondation. J'acceptai cette offre avec empressement et du consentement de nos collègues, lui demandai de faire mieux qu'un simple catalogue ou même une table analytique. Puisqu'il voulait bien s'occuper de cette question, je le priai de rédiger un Annuaire complet, où il serait possible de suivre pas à pas les diverses phases de la fondation et du fonctionnement jusqu'à ce jour, de la Société Vétérinaire de la Marne.

Nous tombâmes vite d'accord, notre collègue accueillit favorablement ma réquisition. Il en est résulté le travail que j'ai l'honneur de présenter ici, qui réunit tout ce qu'on pouvait désirer dans ce genre. C'est un résumé clair, fidèle et savamment ordonné de notre existence sociale et professionnelle depuis plus de cinquante ans qu'a rédigé M. Magnin, à qui j'adresse, au nom de la Société et au mien, des compliments très sincères avec de vifs remerciements, pour la façon dont il a compris et exécuté cet ouvrage qui mérite et qui obtiendra la bonne place dans nos archives et dans la bibliothèque de tous les Vétérinaires

du département de la Marne et d'ailleurs. C'est une branche, un rameau seulement si l'on préfère, mais rameau fécond, d'histoire professionnelle, à conserver pour ceux qui nous suivront. Ils y verront ce qu'était le Vétérinaire, du milieu à la fin du XIXe siècle ; ils comprendront par là que le travail ne s'est pas opéré d'un seul coup, et que leurs anciens ont largement contribué à lancer notre médecine dans cette voie de progrès où elle ne cessera d'avancer pour la meilleure sauvegarde de l'Hygiène publique et de notre Agriculture nationale.

A. COLLARD,

*Président de la Société Vétérinaire
de la Marne.*

Décembre 1900.

NOTE DE L'AUTEUR

Au cours de différentes recherches bibliographiques, j'ai eu l'occasion de voir combien les auteurs vétérinaires lisent peu ou tout au moins consultent peu les bulletins des Sociétés de province. Et cependant, celles-ci publient fréquemment des observations, des mémoires qui sont loin d'être dénués de tout intérêt.

Toute une partie de ce travail, qui facilitera la besogne aux auteurs, a pour but de les engager à se montrer à l'avenir moins circonspects. Leurs ouvrages n'y perdront rien et la question priorité y gagnera quelquefois, bien certainement.

Le premier Annuaire de ce genre est celui que M. Léon Moulé a publié à l'occasion du cinquantenaire de la Société centrale de médecine vétérinaire. Il nous a servi de guide. Nous n'avons fait que suivre le mouvement. D'autres le continueront sans doute. Ils contribueront ainsi à prouver la vitalité de notre petit corps professionnel, qui devient de plus en plus apte à jouer son rôle dans le grand orchestre scientifique, et de ses petites associations départementales qu'on aimerait à voir plus entourées, plus suivies, pour le plus grand bien de la collectivité.

Je dois, en terminant, adresser des remerciements à un certain nombre de mes confrères de la Marne, et plus particulièrement à MM. Collard, Edouard George, Gailleur, Mauclère, etc., qui ont bien voulu me donner des renseignements et même, pour la plupart, ont consenti à se livrer à des recherches sur certains membres de la Société morts ou disparus. Ils ont droit à la reconnaissance de l'auteur dont ils ont facilité la tâche, et à celle de la Société vétérinaire de la Marne, à laquelle ils ont montré tout l'intérêt qu'ils lui portaient.

Saint-Germain, 10 Novembre 1901.

L. MAGNIN.

ANNUAIRE DU CINQUANTENAIRE

DE LA

SOCIÉTÉ VÉTÉRINAIRE DE LA MARNE

I

Aperçu historique
et renseignements divers.

FONDATION DE LA SOCIÉTE.

La Société vétérinaire de la Marne est, par rang d'ancienneté, la troisième de France (1).

L'initiative de sa création revient à MM. Gayot du Fresnay, Aumignon aîné et Demilly.

A la suite de deux circulaires datées du 20 janvier et du 1er avril 1846, signées par MM. Gayot du Fresnay et Aumignon, une première réunion eut lieu chez M. Gayot, le 19 avril suivant. Dix-sept vétérinaires, non compris un certain nombre d'adhérents qui, pour raisons d'âge

---

(1) La plus ancienne de ces sociétés est celle du Calvados et de la Manche, fondée en avril 1830. Vient ensuite, la *Société centrale de médecine vétérinaire et comparée du département de la Seine* (11 mai 1844) qui, en se fusionnant avec sa rivale, la *Société vétérinaire du département de la Seine*, fondée le 20 juin 1844, fut l'origine de la *Société centrale de médecine vétérinaire* d'aujourd'hui.

ou d'infirmités, avaient déclaré ne pouvoir assister aux séances, se rendirent à cette invitation. Ce sont :

MM. Gayot du Fresnay, Demilly, Aumignon aîné, Pilton, Ringuet, Mariot-Didieux, Dardoize, Descôtes, Henriet Denis, Remy (de Congy), George aîné, Gloux, George père, Wibert, Moulé, Remy (de Vernancourt), Thiérion.

« M. Gayot, doyen d'âge, remercia ses confrères d'avoir bien voulu répondre à cet appel, et, en quelques paroles bien senties, fit comprendre les avantages d'une société qui a pour but principal l'union de tous pour fortifier, honorer la corporation et pour sortir de l'état de léthargie ou d'indifférence — et de leurs inconvénients — que l'isolement engendre toujours.

« Après cette courte allocution, applaudie, le bureau fut formé par le vote. » (Aumignon aîné).

Les statuts, préalablement préparés à l'état de projet par MM. Gayot du Fresnay et Aumignon, furent discutés, approuvés après modifications et signés par tous les membres présents. Une seule séance suffit a cette tâche. L'état statutaire qui porte la date du 19 avril 1846 et le procès-verbal d'institution de la Société, dressé le même jour, furent ensuite soumis à M. le Ministre de l'Agriculture et du Commerce, qui les approuva le 11 septembre 1846. Par arrêté en date du 14 du même mois, M. le Préfet du département autorisait la formation de la *Société vétérinaire de la Marne*, qui se trouvait ainsi régulièrement constituée.

La séance d'inauguration eut lieu le 5 novembre suivant. Deux discours furent prononcés : l'un par le président; l'autre par M. Demilly, vice-président. Tous deux faisaient ressortir le but et les moyens de l'asso-

ciation. Le but était le progrès de la science et la lutte contre la « *charlatanerie* ». Les moyens, c'était l'union qui impose le respect, donne la force qui peut vaincre les résistances des préjugés et des puissances occultes.

« La constitution des Sociétés vétérinaires, disait M. Demilly, est peut-être la conception la plus heureuse pour notre profession.

« La conception de ces sociétés, en effet, doit avoir pour résultat : 1° de ne plus abandonner exclusivement le monopole de la science aux professeurs de nos Ecoles et à quelques vétérinaires érudits ; 2° de traiter plus largement et de résoudre plus complètement les grandes questions qui intéressent la profession ; 3° en fixant les regards de l'Administration, de l'engager à étendre jusque sur nous les bienfaits de la sollicitude du Gouvernement ; enfin, par le contact fréquent que nous devons avoir, il devra en résulter des rapports de bonne confraternité et des échanges de bons procédés qui attirent généralement sur ceux qui en sont l'objet, le respect et la considération. C'est là, Messieurs, ce que nous avons le droit d'espérer de nos réunions, de nos travaux et des rapports que nous devons être heureux d'avoir ensemble. »

Dans le compte rendu qu'en sa qualité de secrétaire, M. Aumignon aîné faisait des travaux de la Société pour la première année de son existence, nous trouvons un plaidoyer non moins chaleureux en faveur de l'action commune :

« Animés des mêmes sentiments, il n'a fallu, nous ne dirons pas une provocation, mais un simple signal, et un grand nombre de vétérinaires se sont organisés en sociétés dans plusieurs départements. Honneur donc à ceux qui ont pris l'initiative de ce grand mouvement.

Quant à nous, vétérinaires de la Marne, en suivant l'exemple donné, nous n'avons fait qu'obéir à notre désir pour ainsi dire instinctif, que nous nous plaisions toujours à exprimer dans nos conversations et nos relations de voisinage. La Société vétérinaire de la Marne doit son existence à la simultanéité de nos principes et de nos pensées, et non à la prérogative de quelques-uns d'entre nous. Certains, il est vrai, ont stimulé le zèle des autres, leur ont fait passer des circulaires de proposition d'organisation et de convocation, mais c'est parce que leur position topographique centrale leur imposait en quelque sorte ce devoir. Comme on le voit, il n'y a point de suprématie entre nous ; nous sommes tous égaux, tous frères ; dans nos réunions, chacun apporte à ses collègues sa part d'observations, de renseignements et de lumières, ou, par sa présence, vient ajouter à la satisfaction générale. C'est donc un principe moral, très puissant par lui-même, qui a présidé à la formation de la Société, et c'est encore dans ce même principe, qui ne peut que s'accroître, qu'elle trouvera son appui et sa force, et nous, notre bonheur et nos consolations professionnelles. Ainsi, chers collègues, dans nos réunions, vous apprécierez chaque fois cet avantage incontestable et la réalité de ce que j'avance. En effet, votre zèle, vos observations, vos mémoires, vos intéressantes discussions, le vide que vous éprouvez par quelques absences, pour cause majeure, de certains bons confrères et bons camarades, la franche cordialité qui règne entre nous, et l'espèce de regret que vous manifestez en vous séparant, sont autant de preuves de la prospérité de la Société et de l'union de ses membres. »

J'ai tenu à rapporter textuellement ces quelques

lignes, non seulement pour faire voir la route sillonnée par nos devanciers, mais encore pour montrer le caractère élevé de ceux qui nous ont indiqué le chemin à suivre, si nous voulons enfin arriver au but à atteindre.

Et combien, à notre époque où le *struggle for life* à outrance bat son plein et jette partout sa note discordante, ne pourrions-nous pas tous méditer fructueusement sur de si sages paroles !

LA SOCIÉTÉ ET LE MONUMENT BOURGELAT.

La part prépondérante prise par la Société vétérinaire de la Marne dans cette manifestation professionnelle, mérite une mention spéciale.

Dans la séance du 17 octobre 1847, M. Descôtes, après avoir donné lecture d'une notice biographique sur Bourgelat, et inspiré sans doute par un article de M. Verheyen, paru dans le *Recueil* du mois précédent, proposait de provoquer une souscription générale pour ériger au fondateur des Écoles vétérinaires « un monument digne de ses nobles qualités et des éminents services qu'il avait rendus à l'agriculture. »

Cette proposition, mise aux voix, fut votée par acclamation.

M. Gayot du Fresnay, président, prié de faire les démarches nécessaires pour donner l'impulsion, adressait, le 25 novembre 1847, la lettre suivante à Monsieur le Ministre de l'Agriculture.

Lettre du Président qui en réfère au Ministre de l'Agriculture et du Commerce, relativement à la proposition Descôtes et à la délibération prise à la dernière séance (1).

« Châlons-sur-Marne, le 25 novembre 1847.

« Monsieur le Ministre,

« La Société vétérinaire de la Marne, formée sous vos auspices, compte à peine un an d'existence, et déjà elle peut justifier la bienveillance de la haute administration. Vous en jugerez, Monsieur le Ministre, par le *Compte rendu* de ses travaux, dont j'ai l'honneur d'adresser plusieurs exemplaires à Votre Excellence.

« Organe des sentiments de reconnaissance et de respect qui animent chacun des membres de cette Société en particulier, je viens vous prier, M. le Ministre, d'en agréer l'hommage et vous assurer qu'elle ne cessera de s'occuper avec zèle du but de son institution.

« Je joins également ici un extrait du procès-verbal de la dernière séance de la Société, dans laquelle la proposition d'ériger, par voie de souscription, un monument au célèbre Bourgelat, fondateur des Écoles, a été votée et unanimement accueillie.

« Mais ce tribut d'hommages et de vénération pour la mémoire de celui qui a tiré du chaos la médecine des animaux domestiques et l'a fait surgir à la lumière, ne pourrait avoir aucun résultat, s'il ne se présentait aux yeux du monde vétérinaire et de la France, escorté de votre puissante approbation.

(1) Cette lettre et celle qui suit sont extraites du procès-verbal de la séance du 16 janvier 1848.

« La Société vétérinaire de la Marne vous prie donc, M. le Ministre :

« 1° de l'autoriser à faire un appel à toutes les Sociétés vétérinaires de France et de l'étranger, en même temps qu'au Sociétés agricoles et à toutes les personnes qui s'occupent de l'agriculture, à laquelle les travaux de Bourgelat ont rendu de si grands services ;

« 2° D'autoriser l'éditeur du *Recueil de médecine vétérinaire* à recevoir les souscriptions dont les listes devront être publiées ;

« 3° Enfin, de décider la nature du monument à ériger et le lieu où il devra être placé.

« La Société vétérinaire de la Marne se plaît à croire que son appel sera entendu, et elle se trouvera heureuse si Votre Excellence daigne voir dans cette démarche le désir bien sincère de remplir le plus saint des devoirs.

« J'ai l'honneur, etc.

« Signé : GAYOT DU FRESNAY,
« Président. »

Réponse de M. le Ministre approuvant la Société qui
veut ainsi honorer le génie de Bourgelat.

« Paris, le 22 décembre 1847.

« Monsieur,

« Par votre lettre en date du 25 novembre dernier, vous me faites connaître l'intention de la Société vétérinaire du département de la Marne, d'élever, par voie de souscription, un monument à Bourgelat, fondateur des Ecoles vétérinaires.

2

« Vous exprimez, en conséquence, le désir que j'auto
rise :

« 1° La Société à faire appel à toutes les Sociétés vétérinaires de France et de l'étranger, en même temps
qu'aux associations agricoles et à tous ceux qui s'occupent de l'agriculture ;

« 2° L'éditeur du *Recueil de médecine vétérinaire*, à
recevoir les souscriptions ;

« 3° Que je décide la nature du monument à ériger et
le lieu où il devra être placé.

« Je ne puis qu'applaudir à tout hommage adressé à la
mémoire d'un homme dont le zèle, les lumières et les
travaux ont tant contribué à éclairer la solution des
questions relatives à l'enseignement de la médecine
vétérinaire, ainsi qu'à la multiplication et au perfectionnement des animaux domestiques.

« Mais j'aurai l'honneur de vous faire observer que je
n'ai aucune autorisation à donner, ni aucune influence
à exercer, en ce qui concerne les trois communications
que vous m'avez adressées, au nom de la Société
vétérinaire de la Marne.

« Ainsi, cette Société, l'éditeur du *Recueil de médecine vétérinaire* et les souscripteurs sont parfaitement
libres, la première, de faire appel aux associations
vétérinaires, agricoles et autres, ou aux agriculteurs ;
le second, de recevoir le montant des souscriptions ; et
les derniers, de statuer sur le genre et l'emplacement
du monument, sans que mon intervention à cet égard
leur soit nécessaire.

« Recevez, Monsieur, l'assurance de ma considération
distinguée.

« *Le Ministre, secrétaire d'Etat de l'Agriculture,
et du Commerce,*

« CUNIN-GRIDAINE. »

Le 16 janvier 1848, les membres présents à la séance, après avoir pris connaissance des lettres précédentes, décidaient tout d'abord de tenter l'agrément et la collaboration de la ville de Lyon, berceau de Bourgelat et des Écoles vétérinaires, puis de soumettre ce projet aux trois Écoles vétérinaires et à la Société centrale, afin d'obtenir leurs conseils ou leur concours (1). « Deux sortes de circulaires, dit le compte rendu, seront rédigées et tirées à un grand nombre d'exemplaires, pour être adressées, d'une part, aux vétérinaires français et étrangers, et, d'autre part, à toute autre notabilité ».

Après avoir de nouveau exprimé le désir que la centralisation des souscriptions se fasse chez M. Labbé, éditeur du *Recueil de médecine vétérinaire*, la Société nommait une commission composée du bureau tout entier auquel elle avait adjoint MM. Wibert, Descôtes et Boulard, avec mission de mener à bien cette entreprise en y mettant toute l'activité désirable.

Enfin, M. Lécureux, commissaire du Gouvernement pour le département de la Marne et président-né de la Société, offrait son intervention et tous les moyens en son pouvoir pour en favoriser la réalisation future.

Les évènements politiques qui se déroulaient alors, devaient empêcher l'œuvre d'aboutir. Elle ne devait être reprise, par d'autres, que bien longtemps après.

On a voulu, à cette époque, discuter et dénier à la Société vétérinaire de la Marne la part de priorité qui lui revient et qu'elle n'a, d'ailleurs, jamais cessé de revendiquer en maintes occasions. Il est bien certain

____

(1) Les copies des lettres adressées 1° à M. le Maire de Lyon ; 2° à M. le Préfet du Rhône ; 3° au Président de la Société centrale ; 4° à M. le Directeur de l'Ecole d'Alfort, etc., ont été déposées dans les archives de la Société.

qu'elle a été devancée par une voix étrangère, celle de
Verheyen, dans l'idée d'élever, par *souscription publique*, un monument à Claude Bourgelat ; mais c'est elle
qui, la première, a rendu féconde l'idée de Verheyen.
La première tentative de souscription publique et la
première impulsion française forment son œuvre et
son lot. L'histoire, qui sait se dégager des rivalités
du temps, a fait à chacun sa part. L'initiative dans
l'exécution appartient indiscutablement à la Société
vétérinaire de la Marne, et on n'a pu opposer valable-
ment à celle-ci d'autres « initiatives » postérieures à
la sienne ou l'idée, émise sous forme de vœux, de
« déposer » le buste du fondateur des Ecoles vétérinaires dans la galerie des grands hommes de quelque
musée national.

Les efforts des uns, n'étant point de la même espèce,
sont distincts de ceux des autres.

MEMBRES DE LA SOCIÉTÉ

Depuis sa fondation, la Société a admis 31 membres
honoraires, 91 titulaires, 6 associés et 138 correspondants ; soit un total de 266 admissions.

Il n'est peut-être pas superflu de jeter un coup d'œil
sur le nombre des adhérents de l'association, à différentes époques de son histoire. Nous soulignerons
ainsi son évolution graduellement croissante.

Les statuts de 1887 disent, dans leur article prélimi-
naire, que la Société vétérinaire de la Marne fut fondée
le 19 avril 1846 par seize vétérinaires. Ce chiffre ne
représente, évidemment, que ceux-là seuls qui assis-
tèrent à la séance préparatoire.

Dans une lettre en date du 25 novembre 1856, adressée à M le Préfet, M. Gayot du Fresnay s'exprime ainsi

à ce propos : « Dans l'origine de sa formation, les membres fondateurs étaient au nombre de vingt et un, y compris trois d'entre eux qui, ayant donné leur consentement, déclarèrent ne pouvoir assister aux séances à cause de leur grand âge ou de leurs infirmités. »

On en compte dix-sept, non compris les adhérents, au nombre de cinq, sur la liste publiée par M. Aumignon aîné dans son allocution du 20 janvier 1889.

Enfin, en consultant les listes nominatives publiées à différentes époques, on trouve un total de 23 membres qualifiés de fondateurs (1).

État récapitulatif des Membres de la Société aux dates ci-après mentionnées.

20 août 1847.

Membres honoraires	6
— titulaires	23
— associés	2
— correspondants	»
Total	31

20 mai 1849.

Membres honoraires	9
— titulaires	27
— associés	4
— correspondants	16
Total	56

(1) Voici les différentes listes nominatives des membres de la Société avec leurs dates de publication.

1re 20 août 1847. — Bulletin 1846-47, page 123.

2e 20 mai 1849. — Bulletin 1847-48. page 157.

3e 16 janvier 1853. — Forme une brochure à part avec le 2e tirage des statuts de 1853.

4e 16 juillet 1854. — Brochure à part.

5e 20 juillet 1862. — Brochure à part.

6e 31 décembre 1891. - Bulletin, page 7.

7e Janvier 1892.   idem.

8e 1893   idem.

9e 31 décembre 1894.   idem.

10e 31 décembre 1895.   idem.

16 janvier 1853.

Membres honoraires	....	18
—	titulaires	20
—	associés	5
—	correspondants....	23
	Total.....	66

16 juillet 1854.

Membres honoraires	....	17
—	titulaires	24
—	associés	5
—	correspondants....	24
	Total.....	70

20 juillet 1862.

Membres honoraires	....	11
—	titulaires	26
—	associés	4
—	correspondants....	42
	Total.....	83

25 juin 1864.

Membres honoraires	....	11
—	titulaires	26
—	associés	4
—	correspondants....	45
	Total.....	86

31 décembre 1891 (1).

Membres honoraires	....	»
—	titulaires	26
—	associés	2
—	correspondants....	43
	Total.....	71

Janvier 1892.

Membres honoraires	....	»
—	titulaires	26
—	associés	2
—	correspondants....	42
	Total.....	70

Liste de 1893.

Membres honoraires	....	»
—	titulaires	29
—	associés	2
—	correspondants....	42
	Total.....	73

31 décembre 1894 (2).

Membres honoraires	....	3
—	titulaires	30
—	correspondants....	41
	Total.....	74

31 décembre 1895.

Membres honoraires	....	12
—	titulaires	28
—	correspondants....	56
	Total.....	96

(1) De 1864 à 1891, la Société n'a publié ni état récapitulatif ni liste de ses membres.

(2) A dater de 1894, les listes ne font plus mention de membres associés. Les statuts de 1873 les avaient supprimés pour l'avenir.

CONCOURS

Depuis son origine, la Société a ouvert 8 concours, non compris le concours de maréchalerie de Reims, du 23 juin 1895. Pour les deux premiers seuls, les questions à traiter étaient imposées aux candidats. Tous les autres furent des concours libres.

Elle a décerné de ce fait 19 récompenses, savoir :

Trois médailles d'or (MM. Aureggio, Chénier, Daray).

Une médaille de vermeil (M. Boucher Hubert).

Neuf médailles d'argent, grand et petit module (MM. Cozette, Faulon, Félizet Laurent, Gsell, Laffitte père (*deux*), Laquerrière, Marcout, L. Moulé).

Cinq médailles de bronze (MM. Rigollat *(deux)*, Jacquot, Marchal, Martin Ch.).

Une mention honorable (M. Caroni).

Parmi ces dix-sept lauréats, on compte :

1 répétiteur des écoles vétérinaires ;

7 vétérinaires militaires ;

9 vétérinaires civils.

SUBVENTIONS

Dès 1847, la Société vétérinaire de la Marne a reçu du Gouvernement, par le canal du Ministère de l'Agriculture, une subvention annuelle qui, de 300 francs au début, n'a plus été que de 200 fr. à compter de 1857.

Cet appui pécuniaire lui a été accordé chaque année, sauf pour 1871 et 1879. L'allocation était faite généralement sans affectation spéciale.

Depuis un certain nombre d'années, le Conseil général du département alloue annuellement à la Société une somme variant de 100 à 400 francs

BULLETINS ET TRAVAUX

Les bulletins sont publiés à raison de un par année.

Jusqu'en 1849, les sessions se comptaient du mois de juillet d'une année au mois de juillet de l'année suivante. Pour éviter les inconvénients qui résultaient de cet état de choses, la Société décida, dans sa séance du 15 juillet 1849, qu'à partir de 1850, les travaux d'une session seraient compris dans le même millésime, c'est-à-dire du 1er janvier au 31 décembre.

Les réunions ont eu lieu régulièrement aux époques fixées par les statuts. Exception doit être faite pour les séances de juillet et octobre 1870, janvier et avril 1871, qui n'ont pu avoir lieu à cause de l'invasion allemande. Mention en est faite au procès-verbal de la séance du 16 juillet 1871.

Le siége de la Société a toujours été au Petit-Hôtel-de-Ville de Châlons-sur-Marne.

BANQUET AUMIGNON-DELASALLE

Il est une réunion amicale des vétérinaires de la Marne que nous ne pouvons passer sous silence, parce qu'elle n'est pas relatée dans les bulletins de la Société. Il s'agit du banquet organisé en l'honneur de M. Aumignon aîné, nommé Chevalier du Mérite Agricole, et de M. Delasalle, préfet de la Marne, en raison dē l'intérêt tout spécial qu'il n'a cessé de porter à la profession.

M. le président de la Société avait été « le cinquième de la première promotion des quinze qui reçurent cette décoration, le premier du département et le premier avec M. Cornevin, professeur à l'École de Lyon, parmi les vétérinaires de France ».

Le dimanche dix-neuf août 1883, dix-sept vétérinaires du département, sous la présidence de M. Delasalle, étaient réunis à l'hôtel de la Cloche, à Châlons-sur-Marne, pour fêter cette distinction.

Des allocutions, que nous ne pouvons reproduire ici, furent prononcées par MM. Delasalle, Mauclère, Aumignon, Collard, Renard et Dupon ; et M. le Préfet remettait à M. Aumignon aîné, de la part de ses confrères, une médaille commémorative de cette fête de famille.

II

STATUTS

STATUTS DE LA FONDATION

(19 avril 1846).

CRÉATION DE LA SOCIÉTÉ

Article premier. — Les vétérinaires soussignés, du département de la Marne, se réunissent et se constituent en société, sous le titre de *Société vétérinaire de la Marne*, et arrêtent les conventions réglementaires ci-après.

BUT ET OBJET DE LA SOCIÉTÉ

Art. 2. — La Société se compose d'un nombre indéterminé de membres honoraires ou libres, de membres titulaires, de membres correspondants et de membres associés. Elle a pour but d'entretenir entre ses membres des rapports scientifiques, et de veiller en commun aux intérêts généraux de la profession.

Art. 3. — Les membres honoraires seront pris parmi les hommes connus par leurs travaux et les services qu'ils ont rendus.

Art. 4. — Les membres titulaires devront avoir obtenu un diplôme dans l'une des Écoles royales vétérinaires de France ; cependant, sur la présentation de trois

membres, les vétérinaires des écoles étrangères pourront également être admis.

Art. 5. — Les membres correspondants et les membres associés seront choisis parmi les vétérinaires, les savants de toutes les classes, les propriétaires éleveurs et les cultivateurs français et étrangers.

Les candidats de l'une ou de l'autre de ces classes s'adresseront directement ou par lettre au président, ou se feront présenter par un des membres de la Société.

Art. 6. — La réception d'un candidat quelconque se fera au scrutin secret, par boules blanches et boules noires, dans la séance qui suivra celle de la présentation ; et le résultat (excepté le cas de non réception) sera inséré au procès-verbal, sans qu'il y soit fait mention du nombre des voix, lequel devra toujours être de la majorité absolue des suffrages des membres présents.

Art. 7. — Chaque membre titulaire contracte l'obligation de communiquer, au moins une fois l'an, un mémoire écrit ou une observation dont copie sera déposée dans les archives de la Société.

Art. 8. — Les membres correspondants devront offrir à la Société, dans l'année de leur réception, un mémoire sur l'une des branches de la vétérinaire ou de l'économie rurale.

Art. 9. — Les membres titulaires, résidant dans le département de la Marne, sont tenus d'assister au moins à deux séances dans l'année.

Art. 10. — Les membres titulaires seuls ont voix délibérative ; ils concourent à l'organisation intérieure et s'occupent spécialement des intérêts particuliers de la Société.

Art. 11. — Les membres élus dans les quatre catégories désignées en l'article 2 ne pourront être inscrits sur la liste de la Société, qu'autant qu'ils auront accepté par écrit leur nomination.

Art. 12. — Les membres titulaires qui dérogeraient à l'un des articles 7 et 9 ci-dessus, seront passibles d'une amende de 5 francs. Cette amende sera double s'il y a récidive dans l'année.

BUREAU

Art. 13. — M. le Préfet du département est le président-né de la Société.

Le bureau se compose, en outre, d'un président, d'un vice-président, d'un secrétaire-trésorier et d'un vice-secrétaire.

Art. 14. — Le bureau sera renouvelé tous les trois ans ; les membres en seront indéfiniment rééligibles ; les élections se feront par bulletins individuels et au scrutin secret, à la majorité absolue des suffrages, et auront lieu à la dernière séance de la troisième année.

FONCTIONS DES MEMBRES DU BUREAU

Art 15. — Le président dirige la Société, la convoque extraordinairement, s'il y a lieu, et appelle les sujets à traiter, conformément à l'ordre du jour ; il met aux voix les propositions, recueille les suffrages, proclame les décisions ; il fait choisir par la Société les membres des commissions ou des députations, soit par le scrutin secret, soit verbalement, et en cas d'urgence il les nomme lui-même ; il accorde la parole, ouvre et lève les séances, et en signe les procès-verbaux.

Art. 16. — Le secrétaire tient la plume dans toutes les assemblées ; il est chargé de préparer les séances,

d'en rédiger et d'en signer également les procès-verbaux, ainsi que les lettres écrites au nom de la Société.
Au commencement et immédiatement après l'ouverture
de chaque séance, il donne lecture du procès-verbal
de la dernière réunion ; il est en outre chargé de la
comptabilité et de la conservation des archives.

Art. 17. — Le bureau ainsi composé remplit les
fonctions de conseil d'administration ; il est chargé de
l'exécution des décisions de la Société, du dépouillement et de l'expédition de la correspondance, et est
responsable des fonds.

SÉANCES ET TRAVAUX

Art. 18. — La Société se réunit en séance ordinaire
quatre fois par an, savoir : le 15 avril, le 15 juillet, le
15 octobre et le 15 janvier, à deux heures de l'après-
midi, et par lettres de convocation.

Art. 19. — Chaque membre titulaire, en arrivant aux
séances, signe le cahier de présence, qui sera arrêté
par le président.

Art. 20. — Les membres honoraires, associés ou correspondants assistent aux séances et réunions de la
Société, font lecture de leurs mémoires ou observations et prennent part aux discussions.

Art. 21. — Les travaux de la Société ont lieu dans
l'ordre suivant : 1° lecture et adoption du procès-verbal de la séance précédente ; 2° lecture de la correspondance ; 3° annonce des observations, mémoires,
ouvrages manuscrits ou imprimés envoyés à la Société ;
4° rapports des commissions ; 5° lecture des mémoires
inscrits sur la feuille d'ordre du jour ; 6° exposition et
démonstration des objets matériels ; 7° élections, s'il y
a lieu.

Art. 22. — Si la Société le juge utile, elle pourra tenir tous les ans ou tous les deux ans une séance publique, qui sera annoncée par la voie de la presse.

Art. 23. — Dans les cas de maladies contagieuses, épizootiques, ou enzootiques, et sur l'invitation des autorités civiles ou judiciaires, ou sur la demande motivée et par écrit de trois membres, le président pourra provoquer une séance extraordinaire, en en faisant connaître le motif, et à laquelle on sera obligé d'assister, à moins d'empêchement légitime.

Art. 24. — Les décisions de la Société sont prises à la majorité absolue, par assis et lever, à moins que le scrutin ne soit réclamé par trois membres au moins.

Art. 25. — Si la Société publie des mémoires, elle entend en laisser toute la responsabilité à leurs auteurs.

Art. 26. — Il sera dressé tous les ans, par les soins du secrétaire, un compte rendu des travaux de la Société ; un exemplaire de ce compte sera adressé à M. le Ministre de l'agriculture et du commerce, et un autre à M. le Préfet.

Art. 27. — La Société se réserve de proposer des sujets de concours, dont les prix seront décernés en séance publique.

FINANCES

Art 28. — Les fonds de la Société se composent : 1° d'un droit de diplôme par les titulaires et associés, fixé à cinq francs ; 2° d'une cotisation annuelle, fixée pour les titulaires à dix francs, et à cinq francs pour les associés ; 3° du produit des amendes ; 4° des dons, legs et souscriptions ; 5° enfin, des allocations que le

Gouvernement et le Conseil général du département voudront bien lui accorder.

Il sera dressé tous les ans, par les soins du secrétaire-trésorier, un état des recettes et dépenses de la Société.

CORRESPONDANCE

Art. 29. — La correspondance est dans les attributions du président et du secrétaire.

Art. 30. — Les avis, ouvrages, mémoires, observations et envois quelconques devront être adressés franco au président.

Art. 31. — Il sera délivré à tous les membres un diplôme signé du président et du secrétaire, et revêtu du sceau de la Société.

Art. 32. — Demeurent la propriété de la Société, et sont déposés dans les archives, les mémoires, observations et ouvrages, tant imprimés que manuscrits, les dessins, gravures et planches ; les instruments et les machines ; les pièces d'anatomie, et généralement tous les objets qui pourraient lui être adressés et qui auront été l'objet d'un rapport. Toutefois, les auteurs pourront en faire prendre copie à leurs frais.

POLICE INTÉRIEURE

Art. 34. — Aucun membre ne pourra prendre la parole sans l'avoir obtenue du président, ni interrompre celui qui parle.

Art. 35. — La Société étant consacrée exclusivement : 1° aux intérêts de la médecine vétérinaire et à son perfectionnement ; 2° à toutes les autres branches de l'économie rurale ; 3° et enfin à la bonne confraternité de ses membres, s'interdit toute discussion politique.

Art. 36. — La Société statue, au besoin, par des règlements particuliers, sur tout ce qui n'a pas été prévu par les dispositions précédentes.

Art. 37, — Les présents statuts seront imprimés avec les noms et titres de chaque membre, et envoyés à chacun d'eux.

Art. 38. — Ils seront adressés en triple expédition à M. le Préfet, avec prière de vouloir bien les ratifier et les soumettre à l'approbation de Monsieur le Ministre de l'Agriculture et du Commerce, pour ensuite être déposés dans les archives de la Société.

Fait et arrêté par la Société vétérinaire de la Marne, dans la séance du 19 avril 1846.

Pour copie conforme au registre :

Le Secrétaire,   *Le Président,*

AUMIGNON.   GAYOT DU FRESNAY.

Le Maître des Requêtes,

Préfet du département de la Marne,

Vu les statuts qui précèdent, rédigés le 19 avril dernier, pour la création d'une Société vétérinaire de la Marne ;

Vu le procès-verbal d'institution, dressé le même jour par plusieurs vétérinaires du département, réunis à cet effet ;

Vu la lettre en date du 11 septembre courant, par laquelle M. le Ministre de l'Agriculture et du Commerce nous fait connaître qu'il n'a rien trouvé dans les deux

documents ci-dessus visés qui s'opposàt à leur approbation ;

Autorise la formation, au chef-lieu du département
de la Marne, d'une Société vétérinaire.

Châlons, le 14 septembre 1846.

E. BOURLON DE SARTY.

Sur la proposition de M. Baudesson, les statuts précédents reçurent, dans la séance du 20 octobre 1850,
et après une courte discussion visant l'opportunité et
l'urgence, l'article additionnel suivant :

« La Société, considérant qu'elle ne doit avoir dans
« son sein que des membres actifs, décide qu'à l'ave-
« nir elle regardera comme démissionaires ceux ins-
« crits sur la liste de ses membres titulaires ou asso-
« ciés, n'ayant assisté à aucune séance de l'année, ni
« rempli les autres obligations imposées par les statuts,
« à moins d'excuses légitimes bien justifiées et admi-
« ses par elle ».

STATUTS DE 1852.

L'expérience ayant fait reconnaître au règlement de
1846 « des lacunes et des inconvénients plusieurs fois
signalés »; une partie de la séance du 18 juillet 1852
fut consacrée à sa revision.

Les statuts de 1852, approuvés par M. le Préfet de la
Marne, le 1er avril 1853, comprenaient 36 articles. Ils
diffèrent des précédents par des nuances de rédaction,
quelques questions de détail et surtout par les impor-
tantes modifications suivantes :

Les membres titulaires résidant dans le département de la Marne sont toujours tenus, d'après l'article 9, d'assister au moins à deux séances dans l'année, mais la séance trimestrielle de juillet est *obligatoire* dans tous les cas.

Contrairement à ce qui existait auparavant, « tous les membres indistinctement ont voix délibérative et concourent à l'organisation, au progrès et au soutien de la Société ». (art. 10).

Les amendes sont supprimées et l'article 12 est remplacé par la disposition suivante, à peu près semblable à celle qui fut adoptée le 20 octobre 1850 :

« Seront considérés comme démissionnaires, les membres titulaires qui n'assisteraient à aucune séance de l'année et qui, en même temps, ne rempliraient pas les autres obligations imposées par les présents statuts, à moins d'excuses légitimes ».

Les réunions de la Société, au lieu de se faire à dates fixes, le 15 du premier mois de chaque trimestre, se feront le dimanche qui tombe à la date précitée ou qui la suit immédiatement. Les heures de réunion sont fixées par les lettres de convocation (art. 18).

L'aticle 20 est supprimé.

« Les décisions de la Société sont prises à la majorite absolue des suffrages » (art. 23, ancien 24).

La publicité des séances pour la distribution des prix de concours, devient facultative (art. 26, ancien 27).

La cotisation annuelle de cinq francs des membres associés n'existe plus (art. 27, ancien 28).

L'article 33 est supprimé.

La Société s'interdit toute discussion politique ou religieuse (art. 33, ancien 35).

L'article 34 (ancien 36) est ainsi rédigé : « La Société statue, au besoin, sur tout ce qui n'a pas été prévu par les dispositions précédentes, mais il faut que la proposition soit appuyée au moins par cinq membres ».

STATUTS DE 1873.

« Sur la proposition de M. Aumignon (1), président, tendant à reviser les statuts et à donner à la Société une constitution plus large sur de nouvelles bases, *entre tous les vétérinaires* du département », convoqués en une assemblée générale par une circulaire du 10 mars 1872, naquirent de nouveaux statuts qui furent adoptés dans la séance du 20 avril 1873 et approuvés, par M. le Préfet, le 4 juillet suivant.

Ils comprenaient 35 articles. On y remarque les principales modifications suivantes :

Les statuts ne prévoient plus de membres associés.

Sur l'article 7 des anciens statuts, la Société décide que toute liberté est laissée à chaque membre pour produire à son temps et à ses heures, des mémoires ou des observations sur la médecine vétérinaire.

De même, les membres honoraires et correspondants sont priés de déposer ou de communiquer les mémoires, observations publiés par eux, au lieu de l'obligation qui leur était imposée par l'article 8 des anciens statuts de 1846 et de 1852.

L'article 12 du règlement de 1852 est remplacé par la rédaction suivante qui forme l'article 11 : « Toute démission de membre titulaire devra être formulée par

(1) Séances des 15 octobre 1871 et 21 janvier 1872.

lettre adressée au président. La cotisation de l'année courante reste due ».

L'art. 12 qui vise la composition du bureau, prévoit un trésorier dont les fonctions sont distinctes de celles de secrétaire.

L'article 17 stipule les charges du trésorier.

L'article 19 (art. 18 des statuts de 1852) n'est pas modifié, sauf que l'heure des convocations est fixée à midi.

Art. 21. — « Les membres empêchés sont tenus d'en informer le président avant la séance, et, dans ce cas, de lui adresser à l'avance les notes et observations qu'ils pourraient avoir à communiquer ».

L'art. 21 des statuts de 1852 (art. 22 de ceux de 1846) est supprimé.

L'article 31 prévoit qu'en cas de dissolution, les collections de la Société seront offertes à la bibliothèque publique du chef-lieu du département.

STATUTS DE 1887.

Dès 1883, sur l'initiative de M. Delasalle, préfet de la Marne et président-né (1), la Société avait décidé de mettre à l'ordre du jour de ses séances la question de la revision de son règlement.

Une commission nommée à cet effet, composée de MM. Dupon, Guibert et Brissot, rapporteur, fit deux rapports successifs (séances des 16 janvier et 17 avril 1887) qui, après discussion, firent aboutir aux statuts de 1887, encore en vigueur aujourd'hui.

(1) Séance du 21 janvier 1883.

Ces règles statutaires que nous reproduisons ci-après, sont-elles définitives ? Il serait téméraire de l'affirmer. La Société a dû enfreindre, depuis, les dispositions de l'art. 2, pour admettre au nombre de ses membres titulaires, des vétérinaires habitant les départements limitrophes. Comme il est difficile d'admettre que les règlements sont faits pour ne pas être suivis, et que personne ne se plaint, avec raison, de l'état de choses créé par ces précédents, on peut prévoir encore de nouvelles modifications.

Statuts de la Société vétérinaire de la Marne, revisés et arrêtés dans sa séance du 17 avril 1887.

Origine et constitution.

Fondée le 19 avril 1846, par un groupe de 16 vétérinaires réunis à Châlons, la Société vétérinaire de la Marne a été constituée et autorisée légalement au chef-lieu, par arrêté préfectoral du 14 septembre 1846.

Composition, But, Objet.

ART. 1. — La Société se compose d'un nombre indéterminé de membres honoraires ou libres, de membres titulaires et de membres correspondants.

Elle a pour but de veiller en commun aux intérêts généraux de la profession et de l'agriculture ; d'entretenir des rapports scientifiques et des relations de bonne confraternité ; de favoriser l'application efficace

des lois sanitaires et de se tenir à la disposition des autorités administratives.

Pour concourir à cette œuvre, il est fait appel à tous les vétérinaires.

Art. 2. — Les vétérinaires habitant le département pourront seuls être membres titulaires.

Art. 3. — Les membres honoraires et les membres correspondants seront choisis parmi les hommes d'un mérite distingué ou connus par des travaux utiles ; parmi les vétérinaires, les savants, les propriétaires-éleveurs, les agronomes, les cultivateurs, etc.

Les membres titulaires ayant plus de trente années d'exercice, seront membres honoraires de droit.

Les mineurs ne pourront faire partie de la Société à n'importe quel titre, sans le consentement de leurs parents ou tuteurs.

Art. 4. — Les candidats pourront s'adresser directe-ment, ou par lettre, au président, ou se faire présenter par un membre de la Société.

Néanmoins, la Société se réserve la faculté, sans autre forme, d'offrir l'un ou l'autre de ces titres à tout confrère ou à toute notabilité de distinction.

Art. 5. — Les propositions de candidats seront faites au commencement de chaque séance, et, sur la fin, il sera procédé à l'élection par bulletin individuel ou au scrutin secret, par boules blanches et boules noires ; le résultat, excepté le cas de non acceptation, sera inséré au procès-verbal, sans qu'il y soit fait mention du nombre de voix, lequel devra toujours être de la majorité absolue des suffrages exprimés.

Une lettre d'avis signée du président et du secrétaire, et revêtue du sceau de la Société, sera adressée à chaque membre reçu.

Art. 6. — Les membres titulaires sont tenus d'assister au moins à deux séances dans l'année, principalement à la séance trimestrielle du mois de juillet et à toutes celles convoquées extraordinairement.

Art. 7. — Tous les membres ont voix délibérative et concourent à l'organisation de la Société.

Art. 8. — Les membres élus ne seront inscrits sur la liste de la Société qu'autant qu'ils auront accepté leur nomination par écrit.

Art. 9. — Toute démission pour être valable, devra être formulée par lettre adressée au président.

Néanmoins, sur la proposition du bureau ou sur une demande motivée signée de cinq membres titulaires, la Société, après examen et délibération, les parties entendues ou avisées, pourra rayer de sa liste celui ou ceux de ses membres qui auront pu encourir un blâme méritant cette sanction.

Bureau.

Art. 10. — M. le Préfet du département est président-né de la Société.

Le bureau se compose, en outre :

D'un président ;

D'un vice-président ;

D'un secrétaire ;

D'un vice-secrétaire, archiviste ;

D'un trésorier, dont les fonctions peuvent être remplies par le secrétaire ou par le vice-secrétaire.

Election des Membres du Bureau.

Art. 11. — Le bureau est renouvelé tous les trois ans. Les membres sortants sont rééligibles.

Les élections, dont le secret sera assuré, seront portées à l'ordre du jour de la séance d'octobre de la dernière année d'exercice ; elles auront lieu par bulletin individuel, à la majorité absolue, ou par correspondance, sous pli cacheté, sans suscription, ni signature, enfermé dans une enveloppe signée du votant à l'adresse du président ; tous les membres prennent part au vote ; mais pour être valable, il faut qu'il y ait au moins dix suffrages de membres titulaires exprimés, sinon, il y sera procédé de nouveau et définitivement à la séance suivante, quel que soit le nombre des votants.

Fonctions des Membres du Bureau.

Art. 12. — Le président dirige les travaux de la Société, qu'il convoque extraordinairement ainsi que le bureau, s'il y a lieu ; appelle les sujets à traiter, conformément à l'ordre du jour ; met aux voix les propositions ; recueille les suffrages et proclame les décisions ; fait choisir par la Société les membres des commissions ou des délégations soit par le scrutin secret, soit verbalement, et, en cas d'urgence, les nomme lui-même ; il accorde la parole, ouvre et lève les séances et signe les procès-verbaux.

Il correspond, au nom de la Société, avec tous les vétérinaires du département, indistinctement ; les convoque, au besoin, lorsqu'il s'agit de questions intéres-

sant la profession, le service sanitaire, mais seulement lorsqu'il y est requis ou mis en demeure par l'administration, par délibération de la Société, par invitation pressante d'une société savante, d'une corporation vétérinaire, d'un congrès professionnel, d'une exposition publique, d'un concours régional, d'un cas urgent, etc.

En cas d'absence, le vice-président le remplace dans toutes ses fonctions.

Art. 13. — Le secrétaire, de concert avec le président, prépare les séances, signe les pièces ainsi que les lettres écrites au nom de la Société, rédige la correspondace et le procès-verbal qui, après lecture et adoption en séance, est transcrit au net sur le registre des délibérations, lequel recevra *in-extenso* toutes les discussions dialoguées, les titres et extraits sommaires de la correspondance, des lectures, des mémoires et de tous les incidents quelconques, représentant fidèlement la physionomie des séances, en exceptant, toutefois, les sujets considérés par l'assemblée comme ne devant pas y figurer. Ce registre, tenu à jour, sera signé par le secrétaire et par le président. L'extrait de la minute de ce procès-verbal sera transmis au président dans les quinze jours qui suivront la réunion.

Art. 14. — Le vice-secrétaire seconde et remplace au besoin le secrétaire dans ses fonctions.

Il est chargé des archives, de la liste chronologique des membres de la Société, de la bibliothèque et de son catalogue.

Art. 15. — Le trésorier, ou secrétaire-trésorier, s'occupe de la comptabilité, des recettes et des dépenses, des recouvrements, des pièces justificatives, de toutes celles à produire, des bordereaux à remplir exigés de l'administration, etc.

A la fin de chaque année, il rend compte en séance des deniers de la Société, de l'actif et du passif, du fonds de réserve, des comptes particuliers de chaque sociétaire, tenus au courant sur un registre spécial.

Enfin il présente un projet de budget pour l'exercice suivant.

Art. 16. — Le bureau ainsi composé remplit les fonctions de conseil d'administration. Il est chargé de l'exécution des décisions de la Société, du dépouillement et de l'expédition de la correspondance. Chacun de ses membres est responsable, en ce qui le concerne, de tous les actes de sa gestion.

Dans l'intervalle des séances, le bureau, consulté en cas d'urgence, a pouvoir de prendre des décisions, à charge, par lui, d'en rendre compte à la plus prochaine réunion.

Séances et Travaux.

Art. 17. — La Société se réunit en séance ordinaire au chef-lieu du département quatre fois par an ; le dimanche qui tombe ou qui suit le 15 janvier, le 15 avril, le 15 juillet et le 15 octobre, à une heure, par lettre de convocation individuelle, indiquant les divers objets de la réunion, adressée huit jours à l'avance.

Art. 18. — Cependant, dans le but de se rapprocher des vétérinaires éloignés, sur la demande de cinq confrères, la Société, après délibération, pourra se réunir une ou deux fois seulement par an dans un autre chef-lieu d'arrondissement, excepté pour la séance de juillet.

Art 19. — Par dérogation aux articles précédents, en conformité du paragraphe 2 de l'article 12, en cas

d'épizooties contagieuses ou de maladies graves, etc.,
la Société pourra être convoquée en séance extraordinaire obligatoire, à moins d'empêchément prévu par
l'article 23.

Art. 20. — Indépendamment des communications
particulières, écrites ou verbales, qu'il peut faire directement à la Société, chaque membre titulaire contracte l'engagement de lui présenter, par préférence,
les diverses observations ou mémoires préparés par
lui pour d'autres sociétés, pour des journaux ou autres
publications.

Art. 21. — Les membres honoraires et correspondants sont priés d'offrir à la Société des notes ou des
observations sur l'une des branches de la vétérinaire
ou de l'économie rurale, ou, s'il y a lieu, un exemplaire
de leurs œuvres.

Art. 22. -- Chaque membre en arrivant signe le cahier de présence qui lui est présenté par le secrétaire
ou le vice-secrétaire.

Art. 23. — Les membres empêchés sont tenus d'en
informer le président avant la séance, et, dans ce cas,
de lui adresser à l'avance les notes et observations
qu'ils pourraient avoir à communiquer.

Art. 24. — Les personnes étrangères à la profession
peuvent être admises aux séances, lorsqu'elles sont
présentées par un membre qui en avisera le président.

Tout confrère, en se faisant connaître, peut y assister
avec voix consultative.

Art. 25. — Les travaux de la Société ont lieu dans
l'ordre suivant :

1° Lecture du procès-verbal de la séance précédente ;

2° Présentation des candidats ;

3° Communication et lecture de la correspondance ;

4° Rapports des commissions ;

5° Lecture des observations, mémoires, etc., annoncés par l'ordre du jour ;

6° Conférence, rapports, objets divers ;

7° Exhibition et démonstration de piéces d'anatomie, de pathologie, d'instruments, etc ;

8° Elections, s'il y a lieu.

Art. 26. — En publiant des opinions scientifiques, des observations ou des mémoires, la Société entend en laisser la responsabilité à leurs auteurs.

Art. 27. — Toutes les décisions sont prises à la majorité absolue des suffrages.

Art. 28. — Tous les ans, aussitôt après la séance d'octobre, il sera dressé, par les soins et sous la responsabilité du secrétaire, un bulletin ou compte rendu des travaux de la Société dont les matériaux, intelligiblement groupés, seront choisis, avec le président, dans les procès-verbaux des séances, dans les archives et sur le registre des délibérations.

Des mémoires, des monographies ou des observations quelconques sur des sujets d'hygiène vétérinaire, de zootechnie, de médecine vétérinaire pratique, d'agronomie, etc., approuvés par la Société ou par le bureau, pourront y être publiés *in-extenso* ou à l'état de résumé.

Des exemplaires de ce bulletin seront adressés à M. le Ministre de l'Agriculture, à M. le Préfet du département, au Conseil général, à tous les membres de la Société.

Art. 29. — La Société se réserve de proposer des sujets de concours, dont les prix pourront être décernés en séance publique.

Finances.

Les fonds de la Société se composent :

1° D'une cotisation annuelle de dix francs, imposée aux membres titulaires seulement ;

2° De dons manuels et de souscriptions ;

3° Des allocations que M. le Ministre de l'Agriculture et le Conseil général voudront bien lui accorder.

Art. 31. — La cotisation est due annuellement, comme pour l'année de la réception ou de la démission.

Après la séance d'octobre, le trésorier est autorisé à faire présenter une quittance des sommes dues, plus 50 centimes pour frais, à tout membre titulaire qui n'aurait pu encore lui en faire le versement.

Art. 32. — En cas d'insuffisance des cotisations, sur la proposition motivée du bureau, la Société pourra, par délibération, faire appel à la générosité de ses membres, par voie de souscription.

Art. 33. — Les avis, ouvrages, mémoires, observations et envois quelconques, devront être adressés franco au président.

Archives et Bibliothèque.

Art. 34. — Demeurent la propriété de la Société et sont déposés à la bibliothèque ou dans les archives, les ouvrages reçus ou acquis, les mémoires et observations, tant imprimés que manuscrits ; les dessins, gravures et planches, les instruments et les machines, les pièces d'anatomie et généralement tout ce qui pourrait lui

être adressé ou qui aurait été l'objet d'une communication.

Toutefois, les auteurs pourront en faire prendre copie à leurs frais.

Art. 35. — En cas de dissolution de l'Association, ces collections dont le catalogue sera dressé et distribué à chaque membre, seront offertes, au nom de la Société, à la bibliothèque publique du chef-lieu du département, et l'actif social, s'il y a lieu, sera versé tout entier à un bureau de bienfaisance.

Police intérieure.

Art. 36. — Aucun membre ne pourra prendre la parole sans l'avoir obtenue du président, ni interrompre celui qui parle.

Art. 37. — La Société se consacrant aux intérêts de la médecine vétérinaire, à son perfectionnement, à son application utile et au développement des sentiments de bonne confraternité entre ses membres, s'interdit toute discussion étrangère à son but.

Art. 38. — La Société statue au besoin sur tout ce qui n'a pas été prévu par les dispositions précédentes ; mais il faut que la proposition soit appuyée par cinq membres au moins.

Art. 39. — Les présents statuts seront adressés à M. le Préfet, avec prière de vouloir bien les approuver pour ensuite être imprimés, déposés dans les archives de la Société, et dont un exemplaire sera adressé à chacun des vétérinaires de la Marne.

Les modifications qui pourraient y être apportées ultérieurement, ne seront valables qu'après avoir été approuvés par l'autorité compétente.

Fait et arrêté par la Société vétérinaire de la Marne, dans la séance du 17 avril 1887.

Pour copie conforme au registre des délibérations :

<table>
<tr><td>Le Président,
AUMIGNON (Dieudonné).</td><td>Le Vice-Président,
MAUCLÈRE.</td></tr>
<tr><td>Le Secrétaire,
COLLARD.</td><td>Le Vice-Secrétaire,
GUIBERT.</td></tr>
</table>

République Française

PRÉFECTURE DE LA MARNE

Nous, Préfet de la Marne, Chevalier de la Légion d'honneur,

Vu l'arrêté préfectoral du 14 septembre 1846, autorisant la Société vétérinaire de la Marne à se constituer régulièrement ;

Vu les nouveaux statuts adoptés par cette Association dans sa séance du 17 avril 1887 ;

Vu l'article 291 du Code pénal ;

Vu les instructions de M. le Ministre de l'Intérieur du 30 juillet 1887 ;

ARRÊTONS :

Sont approuvés les statuts de la Société vétérinaire de la Marne, tels qu'ils sont annexés au présent arrêté.

Châlons, le 18 novembre 1887.

Le Préfet,
Signé : A. BAUDRAN.

Pour copie conforme :

Le Conseiller de Préfecture délégué,
A. CHIFFLARD.

III

État de la Société Vétérinaire de la Marne.

a. Liste des Membres fondateurs.

MM.

Aumignon aîné,	vétérinaire	à Châlons-sur-Marne.
Charlier (P.)	—	à Reims.
Dardoize	—	à Etoges.
Descôtes	—	à Sézanne.
Gayot du Fresnay	—	à Châlons-sur-Marne.
George père	—	à Sainte-Ménehould.
George aîné	—	à Epernay.
George jeune	—	à Sainte-Ménehould.
Gloux père	—	à Caurel.
Henriet (Denis)	—	à Sézanne.
Mariot-Didieux	—	en 2ᵉ au 3ᵉ cuirassiers.
Moulé père	—	à Heiltz-le-Maurupt.
Pilton	—	à Reims.
Remy (Auguste-Frédéric)	—	à Congy.
Remy (René-Isidore)	—	à Vernancourt.
Ringuet	—	en 1ᵉʳ au 3ᵉ cuirassiers.
Thiérion	—	à Givry-en-Argonne.
Wibert	—	à Vitry-le-François.

*Vétérinaires adhérents, ayant déclaré ne pouvoir
assister aux séances pour raison d'âge.*

MM.

FRANÇOIS père, vétérinaire à Merlaut.
GÉANT — à Passavant.
GILLET père — à Dormans.
JEANNIN — à Sainte-Ménehould.
JUBLIN — à Suippes.

b. Liste des différents bureaux qui se sont succédé
depuis la fondation de la Société.

Bureau élu le 19 avril 1846. — Fondation.

Président-né ... : .... MM. le Préfet du département.
Président .... Gayot du Fresnay.
Vice-Président........ Demilly
Secrétaire-trésorier... Aumignon aîné.
Vice-secrétaire....... Pilton.

Ce bureau a été réélu successivement le 15 juillet
1849, le 15 avril 1853, le 20 janvier 1856, le 16 janvier
1859, le 19 octobre 1862.

Bureau élu le 21 juillet 1867.

Président-né .... MM. le Préfet du département.
Président............. Gayot du Fresnay.
Vice-président........ Demilly.
Secrétaire-trésorier... Mauclère.
Vice-secrétaire....... Aubry.

Bureau élu le 19 juillet 1868.

Président-né......... MM. le Préfet du département.
Président............ Aumignon aîné.
Vice-président .... Wibert.
Secrétaire.......... ... Mauclère.
Vice-secrétaire ...... Aubry.

Bureau du 21 avril 1872.

Président-né.......... MM. le Préfet du département.
Président............ Aumignon aîné.
Vice-président....... Wibert.
Secrétaire........... Mauclère.
Vice-secrétaire...... Aubry.
Trésorier........... Lhote.

Bureau du 18 juillet 1875.

Président-né.......... MM. le Préfet du département.
Président............ Aumignon aîné.
Vice-président....... Mauclère.
Secrétaire........... Collard.
Vice-secrétaire...... Léon Moulé.
Trésorier........... Lhote.

Nota. — M. Lhote étant décédé en février 1877, M. Collard a cumulé les fonctions de secrétaire et de trésorier, à partir du 22 avril 1877.

Bureau du 28 juillet 1879.

Président-né.......... MM. le Préfet du département.
Président............ Aumignon aîné.
Vice-président....... Mauclère.
Secrétaire-trésorier... Collard.
Vice-secrétaire...... Vallerand.

Bureau du 21 janvier 1883.

Président-né.......... MM. le Préfet du département.
Président............ Aumignon aîné
Vice-président....... Mauclère.
Secrétaire-trésorier... Collard.
Vice-secrétaire...... Guibert.

Nota. — Ce bureau a été réélu tout entier le 18 juillet 1886.

Bureau du 21 octobre 1888.

Président-né .... MM. le Préfet du département.
Président honoraire... Aumignon aîné.
Président........... Renard.
Vice-Président....... Mauclère.
Secrétaire-trésorier... Collard.
Vice-secrétaire...... Guibert.

Bureau du 18 octobre 1891.

Président-né .... MM. le Préfet du département.
Président honoraire... Aumignon aîné.
Président........... Renard.
Vice-président....... Guibert.
Secrétaire-trésorier... Collard.
Vice-secrétaire...... Brissot.

Bureau du 9 avril 1893.

Président-né.... .... MM. le Préfet du département.
Président honoraire... Aumignon aîné.
Vice-président honor^re. Mauclère (16 juillet 1893).
Président.. .... Collard.
Vice-président....... Guibert.
Secrétaire-trésorier... Brissot.
Vice-secrétaire....... Gobeaut.

c. Liste des Membres du bureau, de la fondation à 1895.

Président-né.

M le Préfet du département de la Marne.

Président honoraire.

M. AUMIGNON aîné. (21 octob. 1888 — 27 janvier 1894).

Vice-Président honoraire.

M. MAUCLÈRE. ... (16 juillet 1893).

Présidents.

MM.

GAYOT DU FRESNAY.	(19 avril 1846 — 24 mars 1863).
AUMIGNON aîné	(19 juillet 1868 — 21 oct. 1888).
RENARD	(21 octcb 1888 — 15 fév. 1893).
COLLARD	(9 avril 1893).

Vice-Présidents.

MM.

DEMILLY..........	(19 avril 1846 — 21 juillet 1864).
AUMIGNON aîné....	(21 juillet 1867 — 19 juill. 1868).
WIBERT....	(19 juillet 1868 — 19 fév. 1875).
MAUCLÈRE	(18 juillet 1875 — 18 oct. 1891).
GUIBERT..........	(18 octobre 1891).

Secrétaires-Trésoriers.

MM.

AUMIGNON aîné....	(19 avril 1846 — 21 juillet 1867).
MAUCLÈRE	(21 juillet 1867 — 18 juill. 1875).
COLLARD..........	(18 juillet 1875 — 9 avril 1893).
BRISSOT	(9 avril 1893).

Vice-Secrétaires.

MM.

PILTON	(19 avril 1846 — 21 juillet 1867).
AUBRY...........	(21 juillet 1867 — 18 janv. 1874).
MOULÉ Léon.......	(18 juillet 1875 — 28 juillet 1879).
VALLERAND.......	(28 juillet 1879 — 21 janv. 1883).
GUIBERT..........	(21 janvier 1883 — 18 oct. 1891).
BRISSOT	(18 octobre 1891 — 9 avril 1893).
GOBEAUT	(9 avril 1893).

Trésorier.

M. LHOTE a rempli les fonctions de trésorier du 21 avril 1872 au mois de février 1877.

d. Membres honoraires.

DATE DE LA NOMINATION	NOMS	ORIGINE		PROFESSION ET DOMICILE A LA NOMINATION	DÉCÈS ET MUTATIONS
		ÉCOLE	DATE de sortie		
17 octobre 1852..	Bouley (Henri-Marie)........	Alfort....	1836	professeur de clinique à l'école d'Alfort...	mort le 30 nov. 1885.
16 janvier 1853...	Bouley jeune (Jean-François	—	1808.	vétérinaire à Paris	mort le 11 fév. 1835.
21 janvier 1894...	Bourdon	»	»	maire de Châlons, chev. de la Lég. d'Hon..	
16 janvier 1853...	Delafond (Henri-Onésyme)...	Alfort....	1827.	professeur à l'école d'Alfort.	mort le 15 nov. 1861.
1894...	Faure (Hippolyte)...........	»	»	anc. pharmacien, anc. député, à La Chaussée	
18 juillet 1847....	François père (Jean-Baptiste)	Alfort....	1797.	ancien vétérinaire militaire, à Merlaut	mort le 27 juin 1864.
17 janvier 1847...	Gayot (Eugène).............	—	1836.	vétérinaire, ancien directeur des Haras....	mort le 23 mai 1891..
20 janvier 1850...	Gayot (Hippolyte)...........	»	»	vétérinaire à Saint-Dizier, ancien inspecteur vétérinaire aux armées.	mort.
18 juillet 1847....	Géant (François-Julien).....	Alfort....	1807.	vétérinaire à Passavant (Marne)...........	mort le 28 nov. 1869.
20 janvier 1885...	George jeune (Jean-Fr.-Ed.).	—	1846.	vétérinaire à Sainte-Ménehould	
17 juillet 1853....	George père (Jean-François).	—	1817.	vétérinaire à Sainte-Ménehould........	mort le 30 sept. 1887.
18 juillet 1847 ...	Gillet père (Casimir-François)	—	1801.	ancien vétérinaire militaire, à Dormans ..	mort vers 1852.
17 janvier 1847 ..	Godart (Alexandre)	»	»	maire de Châlons, cons. gén. de la Marne.	mort le 4 janv. 1856.
16 janvier 1853...	Goubaux (Armand-Charles)..	Alfort....	1841.	professeur à l'école d'Alfort	mort le 29 juin 1890.
16 janvier 1853...	Jublin (Pierre-François)	—	1801	vétérinaire à Suippes, anc. vétérinaire milit	mort.
19 janvier 1851...	Lassaigne (Jean-Louis)......	»	»	professeur de physique, de chimie et de pharmacie à Alfort...............	mort le 20 mars 1859.
21 avril 1895.....	Leblanc (Camille)...........	Alfort....	1848.	vétérinaire à Paris	
19 janvier 1851...	Leblanc père (Urbain)	—	1818.	vétérinaire à Paris	mort le 6 avril 1871.
16 avril 1848.....	Lécureux	»	»	ancien préfet de la Marne	mort avant 1862.
21 juillet 1895....	Lefert....................	»	»	cons. gén., vice-président de la Ligue agric.	
21 juillet 1895....	Lhotelain	»	»	président du Comice agricole de Reims ...	
16 janvier 1853...	Magne (Jean-Henry).........	Lyon.....	1828.	professeur à l'école d'Alfort...............	mort le 27 août 1885.
21 juillet 1895....	Maldan (Th.,)..............	»	»	vice-président du Comice agricole de Reims	(1).
21 juillet 1895....	Maurice...................	»	»	conseiller général, président honoraire de la Ligue agricole...............	

(1) Mort en 1898.

DATE DE LA NOMINATION	NOMS	ORIGINE		PROFESSION ET DOMICILE A LA NOMINATION	DÉCÈS ET MUTATIONS
		ÉCOLE	DATE de sortie		
21 avril 1895....	Nocard	Alfort....	18ᵌ3.	professeur à l'école d'Alfort	
1894	Ponsart	»	»	agriculteur à Omev (Marne)	
16 avril 1848....	Renault (Thomas-Eug.-Eloi).	Alfort....	1825.	directeur de l'école d'Alfort	mort le 27 mai 1863.
17 octobre 1847..	Richard (Antoine)	—	1828.	docteur en médecine et vétérinaire, représentant du peuple	mort le 11 févr. 1891.
21 juillet 1895....	Rigollet	»	»	président de la Ligue agricole	
21 avril 1895....	Rossignol père (J.-H.)	Lyon.....	1860	vétérinaire à Melun	
18 juillet 1847....	Vauthier (Louis)	Alfort....	1806.	ancien vétérinaire militaire et officier de cavalerie en retraite à Sainte-Ménehould	mort le 10 nov. 1867.

e. Membres titulaires.

DATE DE LA NOMINATION	NOMS	ORIGINE		PROFESSION ET DOMICILE A LA NOMINATION	DÉCÈS ET MUTATIONS
		ÉCOLE	DATE de sortie		
1885...	Alison (E)	Toulouse.	1883.	vétérinaire à Saint-Remy-en-Bouzemont...	correspond. en 1890.
19 janvier 1862..	Aubry (A.-A.)	Alfort....	1860.	vétérinaire à Soudé-Sainte-Croix, puis à Châlons-sur-Marne	dém. le 18 janv. 1871
Membre fondateur	Aumignon aîné (Dieudonné).	—	1830.	vétérinaire à Châlons	mort le 27 janv. 1894
16 janvier 1853...	Aumignon jeune (Alex.-Eloi)	—	1845.	vétérinaire à Pogny, puis à Châlons	mort le 5 avril 1889.
15 avril 1849....	Baudesson (Arthur)	—	1848.	vétérinaire à Reims	démision. avant 1862.
23 avril 1854....	Baudin père (Alphonse-Aug.)	—	1853.	vétérinaire à Epernay	(1).
20 avril 1890....	Baudin fils (P.-H.)	—	1884.	vétérinaire à Epernay	
1893....	Beaudier (Paul)	—	1882.	vétérinaire à Isle-sur-Suippe	
19 octobre 1862..	Bergeaud (L.-N.-A.)		1862.	vétérinaire à Châlons-s-Marne, puis à Pogny	démissionnaire (1886)
20 avril 1873....	Bernard (L.-A.)	Toulouse.	1844.	anc. vétérinaire milit. à Vitry-le-François..	(2).
19 juillet 1891....	Blot (P.)	Lyon.....	1887.	vétérinaire à Reims	
17 octobre 1886..	Bonnemain (A.)	Alfort....	1877.	vétérinaire à Fère-Champenoise	
10 avril 1884....	Brissot (Jules)	—	1882.	vétérinaire à Suippes	(3).

(1) Mort depuis, le 11 mai 1897. — (2) Mort depuis, en 1897. — (3) Mort depuis, le 5 novembre 1898.

DATE DE LA NOMINATION	NOMS	ORIGINE		PROFESSION ET DOMICILE A LA NOMINATION	DÉCÈS ET MUTATIONS
		ÉCOLE	DATE de sortie		
15 avril 1894.....	Carré (H.-J.).............	Alfort....	1892.	vétérinaire à Avize............	démissionnaire (1896)
16 octobre 1881 ..	Champagne (L.-A.)........	—	1880.	vétérinaire à Montmirail...........	
Membre fondateur	Charlier (Pierre)...........	—	1839.	vétérinaire à Reims.......	correspondant (1857).
1875.....	Charpentier (J.-P.)........	—	1874	vétérinaire à Fismes........	cor. le 16 janv. 1881.
19 avril 1885.....	Charpentier (E.)...........	—	1862.	vétérinaire à Sézanne..........	mort en 1890.
22 avril 1867.....	Collard (Albert)...........	—	1866.	vétérinaire à Vitry-le-François..........	
14 avril 1889.....	Comus (J.-C.)...........	—	1884.	vétérinaire à Sainte-Ménehould......	
15 avril 1883.....	Coutier (J.-B.-C.)........	Toulouse.	1877.	vétérinaire à Sainte-Ménehould..	démission. en 1886 (1).
Membre fondateur	Dardoize (Joseph-Eugène)...	Alfort....	1837.	vétérinaire à Etoges..............	
Membre fondateur	Descôtes (Bienvenu).......	—	1823.	vétérinaire à Sézanne, anc. vétér. militaire	mort le 20 juin 1864.
Membre fondateur	Demilly (Louis-Nicolas).....	—	1824.	vétérinaire à Reims	mort le 21 juillet 1864
19 avril 1891	Douarche (L.-E.)...........	—	1889.	vétérinaire à Sézanne..	dém. le 20 janv. 1895.
21 janvier 1883...	Doyen (C.-M.-E.)...........	—	1865.	vétérinaire à Hermonville.............	mort en 1895.
21 juillet 1867....	Dutron..	{ Alfort et Bruxelles }	»	vétérinaire à Fismes	mort en 1878.
19 octobre 1884 ..	Fiorentini (Angelo)........	Alfort....	1883.	vétérinaire à Dormans.............	correspondant en 1887
16 juillet 1871....	Fouquet (J.)..............	Lyon.. ..	1868.	vétérinaire a Dormans.............	démissionnaire (1875)
Membre fondateur	François père (Jean-Baptiste)	Alfort....	1797	ancien vétérinaire militaire, à Merlaut	honor. le 18 juil. 1847
1846-47..........	François (Jean-Bapt.-Alph.).	Toulouse.	1838.	vétérinaire à Margerie, puis à Neuville-sous-Arzillières	démission. avant 1853
22 juillet 1894....	Gailleur (Pierre Julien)......	Alfort....	1873.	vétérinaire militaire en retraite, à Châlons.	
Membre fondateur	Gayot du Fresnay (Cl.-Nicol.)	—	1799.	vétérinaire départemental à Châlons......	mort le 24 mars 1868
Membre fondateur	Géant (François-Julien)......	—	1807.	vétérinaire à Passavant (Marne)..........	honor. le 18 juil. 1847
Membre fondateur	George aîné (Charles-Eug.)..	—	1814.	vétérinaire à Epernay....	(2).
Membre fondateur	George jeune (Jean-Fr.-Ed.).	—	1846.	vétérinaire à Sainte-Ménehould	honor. le 20 janv. 1895
Membre fondateur	George père (Jean-François .	—	1817.	vétérinaire à Sainte-Ménehould.........	honor. le 17 juil. 1853
Membre fondateur	Gillet père (Casimir-François)	—	1801.	ancien vétérinaire militaire, à Dormans ...	honor. le 18 juil. 1847
19 avril 1891	Girard (François-Stéphane) ..	Alfort....	1879.	vétérinaire municipal à Reims............	démission. en 1893.
Membre fondateur	Gloux père (Antoine-Jules)..	—	1844.	vétérinaire à Caurel.................	mort en déc. 1895.

(1) Mort depuis, en janvier 1896. — (2) Mort le 31 août 1899.

DATE DE LA NOMINATION	NOMS	ORIGINE		PROFESSION ET DOMICILE A LA NOMINATION	DÉCÈS ET MUTATIONS
		ÉCOLE	DATE de sortie		
19 janvier 1879...	Gloux fils (L.-F.)............	Alfort....	1870.	vétérinaire à Caurel.....................	démissionnaire.
19 avril 1891.....	Gobeaut (J.-L.)	—	1890.	vétérinaire à Reims.....................	
20 juillet 1873....	Godon (E.-A.)...............	—	1870	vétérinaire à Somsois, puis à Saint-Utin...	
1846-47	Grenel (Joseph)	Lyon.....	1846	vétérinaire à Hermonville................	mort.
16 janvier 1881...	Guibert (H.-P.)....	Alfort....	1877.	vétérinaire à Châlons....................	
16 janvier 1853...	Guillemot (N.-D.)...........	—	1852.	vétérinaire à Vauchamps, puis à Fère-Champenoise	décédé en déc. 1878.
18 octobre 1863 ..	Hédin (V.-S)..............	—	1863.	vétérinaire à Tours-s-Marne, à Beaumont-sur-Vesle, puis à Châlons.............	démissionnaire.
22 avril 1867.....	Hannequin (Henri).........	—	1866.	vétérinaire à Bassuet...................	mort en 1868.
Membre fondateur	Henriet (Denis).............	—	1845.	vétérinaire à Sézanne	démis. en 1864.
16 octobre 1853..	Hubert (André-Louis).......	—	1853.	vétérinaire à Saint-Hilaire-le-Petit	mort en 1870.
16 janvier 1859 ..	Husson (P.-E.).............	—	1858.	vétérinaire à Thiéblemont	
Membre fondateur	Jeannin (Jean-Nicolas)......	—	1782.	vétérinaire à Sainte-Ménehould	mort le 18 mars 1846 (1)
Membre fondateur	Jublin (Pierre-François).....	Alfort...	1801.	vétérinaire à Suippes, anc. vétérinaire milit.	honor. le 16 janv. 1853
21 janvier 1849...	Laubréaux (C.-N.)...........	—	1848.	vétérinaire à Beaumont-sur-Vesle, puis à Ville-en-Tardenois	mort.
18 juillet 1869....	Leblanc (Arthur)	—	1866.	vétérinaire à Vertus.....................	mort le 3 octob. 189?
15 janvier 1882 ..	Lenoir (L.).................	—	1880.	vétérinaire à Vertus.....................	
17 janvier 1892...	Lerouge (H.)	Lyon.....	1891.	vétérinaire à Epernay...................	
17 avril 1887.....	Limbaret (P.-F.)............	Toulouse.	1885.	vétérinaire à Orbais	démissionnaire (1889)
24 octobre 1858..	Loriot (F.-A.)	Alfort....	1858.	vétérinaire à Suippes...................	(2).
24 juin 1888......	Marcout (U.-E.-A.)..........	Lyon.....	1855.	vétérinaire militaire en retraite, à Châlons.	
Membre fondateur	Mariot-Didieux.....	»	»	vétérinaire en second au 3ᵈ cuirassiers....	correspondant.
16 juillet 1893....	Marmois (Joseph)...........	Lyon.....	1880.	vétérinaire municipal à Mourmelon-le-Grand	
20 avril 1856	Ma-scnat (A.-E.)............	Alfort....	1852.	vétérinaire à Perthes (Haute-Marne).......	démissionnnaire.

(1) M. Jeannin fut considéré comme membre fondateur parce qu'il avait adhéré, avant sa mort, à la formation de la Société (Voir Bulletin de 1889, page 10.) — (2) Mort depuis, en 1900.

DATE DE LA NOMINATION	NOMS	ORIGINE		PROFESSION ET DOMICILE	DÉCÈS
		ÉCOLE	DATE de sortie	A LA NOMINATION	ET MUTATIONS
20 octobre 1878..	Mathis (C.)................	Alfort....	1865.	vétérinaire à Reims	
21 janvier 1849...	Mauclère (L.-A.)...........	—	1848	vétérinaire à Reims	
22 octobre 1855..	Moithy (Emmanuel).........	—	1853.	vétérinaire à Reims, puis à Bazancourt....	mort.
16 juillet 1876....	Morcau (J.-I.)..............	Alfort....	1864.	vétérinaire à Sézanne................	
20 janvier 1895...	Mouginot	—	1885.	vétérinaire à Droyes (Haute-Marne)	
Membre fondateur	Moulé père (Maxim.-Isidore).	—	1842.	vétérin. à Heiltz-le-Maurupt, puis à Vitry..	mort le 8 janv. 1890.
19 avril 1874.....	Moulé (Léon)...............	—	1873	vétérinaire à Vitry-le-François...........	corresp. en janv. 1880.
1846-47..........	Pechenet (Joseph-Timothée).	—	1846.	vétérinaire à Saint-Souplet...........	démissionn.ire (1849)
Membre fondateur	Pilton (Jean-Nicolas)........	Alfort....	1834.	vétérinaire à Reims	mort en 1887..
16 janvier 1848...	Pouillot aîné (Pier.-Louis-A..	—	1847.	vétérinaire à Heiltz-le-Maurupt..........	(1).
20 octobre 1850..	Pouillot jeune (Louis-Hip.)..	—	1850.	vétérinaire à Châlons	mort le 8 octob. 1862
19 janvier 1879...	Bernard (C.-A.)............	—	1869.	vétérinaire à Hermonville.............	mort en 1886.
9 avril 1893......	Reibel (G.-M.-A.)	—	1882.	vétérinaire à Villenauxe (Aube)..........	
16 octobre 1853.	Renard (Léon-Benjamin)....	—	1853.	vétérinaire à Dampierre-le-Château	mort le 15 fév. 1893.
Membre fondateur	Remy (Auguste-Frédéric) ...	—	1844.	vétérinaire à Congy	
Membre fondateur	Remy (René-Isidore)........	—	1844.	vétérinaire à Vernancourt............	démis. en 1851.
21 janvier 1894...	Rigot (A.-R.)	—	1892.	vétérinaire à Pogny	
Membre fondateur	Ringuet (Jean).............	»	»	vétérinaire en premier au 3ᵉ cuirassiers...	mort
21 janvier 1883...	Rizon (G.-M.)	Toulouse	1872.	vétérinaire à Anglure, puis à Fère Champ.	démissionnaire (1885)
1ᵉʳ mai 1881	Saussier (Paul-Cléophas)....	Alfort....	1879.	vétérinaire à Reims	mort.
21 janvier 1883...	Suaire (J.-E.).............	—	1877.	vétérinaire à Bassuet................	
Membre fondateur	Thiérion.(François-Jules)....	—	1844.	vétérinaire à Givry-en-Argonne..........	mort le 15 août 1882.
19 juillet 1891....	Thierry (Edmond)..........	—	1864.	vétérinaire à Sermaize	(2).
20 octobre 1895..	Trousset (G.-E.)	—	1894.	vétérinaire à Reims	
20 janvier 1878,..	Vallerand (Albert)	—	1877	vétérin. à Châlons, puis à Pogny et à Vraux	démission en 1890.
19 juillet 1891....	Vignon (Albert)............	—	1891.	vétérin. à Vitry-le-François, puis à Reims.	
15 juillet 1853....	Vincent (Auguste-Constant) .	—	1853.	vétérinaire à Dormans	démissionnaire (1868)
Membre fondateur	Wibert (Louis-Nicolas)......	—	1835.	vétérinaire à Vitry-le-François...........	mort le 19 févr. 1875.

(1) Mort depuis, en 1898. — (2) Mort depuis, le 25 septembre 1900.

DATE DE LA NOMINATION	NOMS	ORIGINE		PROFESSION ET DOMICILE A LA NOMINATION	DÉCÈS ET MUTATIONS
		ÉCOLE	DATE de sortie		

f. Membres associés.

DATE DE LA NOMINATION	NOMS	ÉCOLE	DATE de sortie	PROFESSION ET DOMICILE A LA NOMINATION	DÉCÈS ET MUTATIONS
1846–47...........	Aumignon jeune (Alex.-Eloi)	Alfort....	1845.	vétérinaire, élève de l'Institut royal agricole de Grignon............................	titul. le 16 janv. 1853
18 juillet 1847....	Boulard.............	»	»	capitaine de grenadiers en retraite à Châlons	mort en 1873.
16 janvier 1853...	Chevillon (Odile)...........	»	o	docteur en médecine à Vitry-le-François..	mort en 1864.
21 avril 1851....	Duguet................	»	»	propriétaire et maître de poste a Châlons.	mort. le 10 mai 1884.
16 janvier 1848..	Faure (Hippolyte)...........	»	»	pharmacien à Châlons................	membre hon. en 1894
15 avril 1849.....	Ponsart..............	»	»	agronome, propriétaire à Omey (Marne)...	membre hon. en 1894

g. Membres correspondants.

DATE DE LA NOMINATION	NOMS	ÉCOLE	DATE de sortie	PROFESSION ET DOMICILE A LA NOMINATION	DÉCÈS ET MUTATIONS
11 avril 1886.....	Albert (P.)............	Lyon.....	1885.	vétérinaire. engagé conditionnel au 8e d'art puis a Monthureux-sur-Saône (Vosges)..	
20 janvier 1884... 19 octobre 1890..	Alison (E.)..............	Toulouse.	1883.	engagé conditionnel au 8e d'artillerie. puis vétérinaire à Nancy................	
27 octobre 1869 ..	Aubrion (Constant-Auguste).	Alfort....	1858.	vétérinaire, médecin à Le Gault...........	mort.
20 juillet 1873....	Aureggio (Eugène)............	—	1863.	vétérinaire militaire................	
17 octobre 1847 ..	Bernis (Jean-Pierre)........	»	»	vétérinaire principal à l'armée d'Afrique..	mort le 10 janv. 1868
20 juillet 1851....	Berthe (J.-L.-A.)............	Alfort....	1836.	vétérinaire militaire............	mort.
20 juillet 1862....	Berlin (Joseph-Alexandre) ..	—	1856.	vétérin. à Barbonne (Marne), puis à Paris.	mort.
18 janvier 1874...	Beltramelli (C.-M.-J.).......	Lyon.....	1872.	vétérinaire militaire................	mort.
24 octobre 1858..	Bonnet (Simon-Joseph)	»	»	vétérinaire militaire................	
19 avril 1874.....	Bonnet-Large (Pierre)	Lyon.....	1843.	vétérinaire militaire................	
16 juillet 1893 ...	Boucher (Hubert)...........	—	1888.	répétiteur. chef des travaux à l'école de Lyon	
1847–48..........	Bouley jeune (Jean-François)	Alfort....	1808.	vétérinaire à Paris..................	hon. le 16 janv. 1853

DATE DE LA NOMINATION	NOMS	ORIGINE		PROFESSION ET DOMICILE A LA NOMINATION	DÉCÈS ET MUTATIONS
		ÉCOLE	DATE de sortie		
21 juillet 1895....	Cagny (Paul)............	Lyon.....	1874.	vétérinaire à Senlis (Oise)............	
23 septembre 1851	Caillot................	—	1851.	vétérinaire à Châtillon (Nièvre)...........	mort.
19 juillet 1871....	Callot (J.-A.)...........	Alfort....	1868.	vétérinaire militaire..............	»
16 juillet 1876....	Capitant (V.-M.-E.).........	—	1872.	vétérinaire militaire.............	mort.
17 octobre 1847..	Carron................	»	•	capit. de caval., remonte de Métidja (Algér.)	mort avant 1854.
21 octobre 1883..	Cazenave (H.-P-.M.).........	Alfort....	1878.	vétérinaire militaire..............	
16 janvier 1881...	Champagne (L.-A.)........	—	1880.	vétérin , engagé conditionnel au 8e d'artil.	nommé titulaire.
1857...	Charlier (Pierre)..........	—	1839.	vétérinaire à Paris............	mort le 14 mars 1893
16 janvier 1881..	Charpentier (J.-L.).........	—	1874.	vétérinaire, inspecteur des viandes à Paris.	(1).
15 juillet 1877....	Chénier (G.-D.)...........	Lyon....	1867.	vétérinaire militaire..........	
25 juillet 1895....	Collin (L.-O.)...........	—	1853.	vétérinaire à Vassy (Haute-Marne)........	
15 janvier 1860...	Condamine (M.).....	—	1856.	vétérinaire militaire..........	»
21 juillet 1861....	Cotté (P.-J.-C.-D.)......	Alfort....	1854	vé'érinaire militaire........	mort en 1895.
	Cordier (Louis).........	—	1846.	vétérinaire à Soissons (Aisne)........	
16 avril 1848.....	Crépin (Jean-Baptiste)......	—	1811.	vétérinaire à Paris........	mort en 1866.
21 janvier 1894...	Crevelle (E.-L.)........	Alfort....	1869.	vétérinaire militaire.........	
20 juillet 1873....	Daray (J.-E.-E.)........	Toulouse.	1859.	vétérinaire militaire........	mort en 1876.
16 janvier 1848...	Debeury-Lataix (J.-L.)......	Alfort....	1817.	vétérinaire à Saint-Dizier (Haute-Marne)...	mort en 1892.
21 janvier 1877...	Declaude (N.-C.)...........	—	1876.	vétérinaire, engagé conditionnel au 25e d'ar-tillerie. puis à Estissac (Aube)........	
16 janvier 1881...	Deglaire (H.-N.-M.)........	—	1880	engagé conditonnel au 25e d'artillerie, puis vétérinaire à Sedan........	
15 avril 1849.....	Delafond (H.-O.).........	—	1827	professeur à l'école d'Alfort...........	hon. le 16 janv. 1853
20 juillet 1873....	Delafosse (F.-E.-O.)........	Lyon.....	1870.	vétérinaire militaire..........	»
20 janvier 1884...	Deysine (G.-E.).........	Toulouse.	1882.	vétérinaire militaire........	»
11 avril 1886.....	Didier.............	»	»	vétérinaire, engagé conditionnel au 8e d'art.	»
20 juillet 1862....	Duguiot (Jules-Auguste).....	Alfort....	1855.	vétérinaire militaire.........	
	Duguyot (P.-A.-O.)........	—	1845.	vétérinaire, ancien député de l'Yonne.....	
20 avril 1856.....	Duplaquet............	»	»	vétérinaire militaire............	mort avant 1862.

(1) Mort en 1898.

DATE DE LA NOMINATION	NOMS	ORIGINE		PROFESSION ET DOMICILE A LA NOMINATION	DÉCÈS ET MUTATIONS
		ÉCOLE	DATE de sortie		
18 avril 1880	Dupon (J.)	Toulouse.	1858.	vétérinaire militaire	
18 janvier 1863	Dupout (H.-C.)	Alfort.	1855.	vétérinaire militaire	»
16 octobre 1864	Evrard (E.)	—	1862.	vétérinaire militaire	
18 juillet 1880	Félizet (Laurent-Charles)	—	1835.	vétérinaire à Elbœuf (Seine-Inférieure)	mort en 1895.
1887	Fiorentini (Angelo)	—	1883.	vétérinaire à Pavie (Italie)	»
17 juillet 1864	Flamens (Antoine)	Toulouse.	1850.	vétérinaire militaire	
21 juillet 1895	François (A.-M.)	Alfort.	1867.	vétérinaire principal au 25e d'artillerie	
16 juillet 1893	François (L.)	—	1875.	vétérinaire en premier aux établissements de Suippes	
20 janvier 1878	Gailleur (P.-J.)	—	1873.	vétérinaire militaire	titul. le 22 juil. 1894.
21 juillet 1861	Gaube (Jacques)	Toulouse.	1836.	vétérinaire militaire	»
21 juillet 1861	Gavet (L.-J.-J.)	Lyon.	1856.	vétérinaire militaire (puis vétérinaire à Heyrieux, Isère)	mort en 1893.
21 octobre 1849	Gillet fils (C.-C.)	Alfort.	1827.	vétérinaire dans les remontes	
16 janvier 1881	Girard (F.-S.)	—	1879.	vétérinaire militaire	titul. le 19 avril 1891.
21 avril 1851	Godard (C.)	—	1838.	vétérinaire à Bar-le-Duc (Meuse)	mort en 1883.
1847-48	Goubaux (A.-C.)	—	1841.	professeur à l'école d'Alfort	hon. le 16 janv. 1853
11 octobre 1885	Guénon (L.-A.)	—	1877.	vétérinaire militaire	
20 janvier 1861	Hédieux (Claude)	Lyon.	1848.	vétérinaire militaire	
19 janvier 1851	Henn (Pierre)	Alfort.	1843.	vétérin. à Bar-le-Duc, puis à Ste-Ménehould	mort le 23 nov. 1873.
15 avril 1849	Henriet (Emile)	—	1848.	vétérinaire militaire	mort.
21 janvier 1877	Henriot (L.-T.)	Alfort.	1876.	engagé conditionnel au 8e d'artillerie, puis vétérinaire à Chavanges (Aube)	
28 juillet 1878	Hugues	»	»	vétérinaire militaire belge	mort en 1888.
22 juillet 1894	Huguier (A.-M.-A.)	Alfort.	1892.	vétérinaire militaire	
20 avril 1890	Humbert (C.-E.)	—	1872.	vétérinaire en premier aux établissements de Suippes	
21 juillet 1895	Husson (A.-R.)	—	1867.	vétérinaire à Sedan (Ardennes)	
24 octobre 1858	Imbert (Martial)	—	1840.	vétérinaire militaire	»

DATE DE LA NOMINATION	NOMS	ORIGINE		PROFESSION ET DOMICILE A LA NOMINATION	DÉCÈS ET MUTATIONS
		ÉCOLE	DATE de sortie		
18 avril 1880.....	Jacquot (E.)................	Alfort....	1879.	engagé conditionnel au 8e d'artillerie, puis vétérinaire à St-Nicolas-du-Port (M.-et-M.)	
18 juillet 1886....	Jarlot (J.-V.)...............	—	1885.	engagé conditionnel au 25e d'artillerie, puis vétérin. à Auvillers-les-Forges (Arden.).	
17 avril 1853.....	Jourdier (Joseph) (1).......	—	1841.	vétérinaire militaire................	»
15 juillet 1854....	Jourdier (Auguste)..........	–	»	vétérinaire, cultivateur à Villeroy (S.-et-M.)	mort en 1872.
21 avril 1895.....	Joyeux (P.)................	Alfort....	1879.	vétérinaire militaire.................	
15 juillet 1860....	Knoll (J.-C.)..............	Lyon.....	1850.	vétérinaire militaire..................	mort.
18 juillet 1880....	Laffitte père (P.)..........	—	1845.	vétérinaire à Puymirol (Lot-et-Garonne)...	
21 octobre 1849.	Laloy (Étienne-Joseph).....	»	»	vétérinaire militaire....	mort avant 1854.
21 juillet 1895....	Lamané (R.-J.)............	Alfort....	1870.	vétérinaire à Roubaix (Nord)............	
28 juillet 1879....	Laquerrière (A.)..........	—	1859.	vétérinaire militaire.................	
18 juillet 1886....	Laurent (M.-A.)	—	1866.	vétérinaire à Bar-le-Duc, chef du service sanitaire du département............ ..	
5 novembre 1848.	Lebesgue (Eléonore-Frédéric)	—	1844.	vétérinaire militaire................	mort.
23 septembre 1851	Leblanc (Camille)...........	Alfort....	1848.	vétérinaire à Paris....	hon. le 21 avril. 1895
20 octobre 1850..	Lecoq (Alfred)............	—	1850.	vétérinaire à Retourneloup............	»
19 juillet 1863....	Lecoq (F.)................	Alfort....	1825.	inspecteur général des écoles vétérinaires.	mort le 14 févr. 1880.
	Lefebvre (E.-L.-M.)........	—	1845.	vétérinaire au Havre (Seine-Inférieure).....	
17 octobre 1847..	Lhote (Augustin-Alexandre)..	Lyon.....	1838.	vétérinaire militaire à l'armée d'Afrique) ..	mort en février 1877.
16 octobre 1864..	Littinger (N.-F.-A.).........	Lyon.....	1848.	vétérinaire à Metzerwisse (Moselle).......	mort.
20 janvier 1850...	Louchard (Antoine).........	Alfort....	»	vétérinaire principal..................	mort.
18 octobre 1863..	Lutrot (L.-V.)..............	Alfort....	1861.	vétérinaire militaire.................	
15 avril 1849.....	Magne (J.-H.).............	Lyon.....	1828.	professeur à l'école d'Alfort..............	hon. le 16 janv. 1853.
20 janvier 1889...	Magnin (L.-H.-F.)..........	Alfort....	1883.	vétérinaire militaire.................	

(1) Jourdier (Joseph) fut, je crois, le seul vétérinaire en premier qui, jusqu'ici, ait été nommé Officier de la Légion d'Honneur (Décret du 22 mars 1872).

DATE DE LA NOMINATION	NOMS	ORIGINE		PROFESSION ET DOMICILE A LA NOMINATION	DÉCÈS ET MUTATIONS
		ÉCOLE	DATE de sortie		
16 janvier 1881...	Marchal (M.-V.-J.-E.).	Alfort....	1880.	vétérinaire militaire	
1874...	Marcout (U.-E.-A.).	Lyon.....	1855.	vétérinaire militaire	titul. le 24 juin 1888.
	Mariot-Didieux	»	»	vétérinaire dans la garde, à Paris	mort en 1890.
24 octobre 1858..	Marson (V.).	Alfort....	1854.	vétérinaire à Rosnes (Meuse)	
18 janvier 1874...	Mégnin (J.-P.).	—	1853.	vétérinaire militaire	
16 octobre 1859..	Mignot (Léonard)	Toulouse.	1834.	vétérinaire militaire	»
17 juillet 1892...	Morot (C.).	Lyon. ...	1875.	vétérinaire municipal à Troyes	
21 janvier 1877...	Mougin	»	»	docteur en médecine à Vitry-le-François..	
janvier 1880...	Moulé (L.-T.).	Alfort....	1873.	vétérinaire inspecteur des viandes, à Paris	
18 janvier 1874...	Moulin (F.-M.-E.).	—	1836.	vétérinaire militaire en retraite, à Paris...	mort.
21 juillet 1895...	Noiset (C.-E.-H.)-	—	1877.	vétérinaire à Aubigny (Ardennes)	
24 octobre 1858..	Noyez (Jean-Louis)	Toulouse.	1834.	vétérinaire militaire	mort.
15 juillet 1877...	Ory (J.-A.)	Lyon.....	1875.	vétérinaire à Fleurs (Loire)	
18 janvier 1863...	Paulin (J.-F.)	—	1861.	vétérinaire à Saint-Dizier (Haute-Marne). .	
16 juillet 1876,...	Pernet (P.-N.).	Alfort....	1862.	vétérinaire militaire	mort le 2 juin 1894.
	Perrot (C.).	—	1883.	vétérinaire militaire	
21 juillet 1895...	Pollet (J.-A.)	—	1854.	vétérinaire délégué, à Lille (Nord)	
11 octobre 1885..	Pont (J.-F.).	—	1883.	vétérinaire militaire	
18 janvier 1874...	Prince (M.-P.-A.).	Toulouse.	1862.	vétérinaire militaire	
19 avril 1891.....	Quiclet (R.-P.-G.).	Lyon.....	1878.	vétérinaire militaire	mort en 1892.
	Quivogne (J.-F.)	—	1857.	vétérinaire à Lyon	
	Rancoule (J.-E.-L.).	Toulouse.	1874.	vétérinaire militaire	
9 novembre 1848.	Raveret (A.-E.)	Alfort....	1846.	vétérinaire militaire	
21 octobre 1849..	Riquier (Antoine)	»	»	vétérinaire militaire	mort à l'armée d'Orient
15 avril 1849.....	Reviglio (Maurice)	»	»	docteur en médecine, professeur à l'école de Turin (Italie)	mort.
9 avril 1876......	Rigollat (J.-L.).	Alfort....	1873.	vétérinaire militaire	
17 octobre 1847..	Riquet (A.-J.-A.).	—	»	vétérin. principal au ministère de la guerre	mort le 27 avril 1873.
16 janvier 1848...	Ris (Antoine)	»		vétérinaire militaire	mort.

DATE DE LA NOMINATION	NOMS	ORIGINE		PROFESSION ET DOMICILE A LA NOMINATION	DÉCÈS ET MUTATIONS
		ÉCOLE	DATE de sortie		
1er mai 1881......	Robin (A.)	Alfort....	1880.	engagé conditionnel au 8e d'artillerie, puis vétérinaire à Eguilly (Aube)	mort en 1871.
17 janvier 1869...	Robin (Jules-Paul).........	—	1862.	vétérinaire militaire...................	»
18 avril 1880.....	Rohr (M.-M)	—	1878.	vétérinaire militaire..	
	Rossignol (J.-H.)	Lyon.....	1860.	vétérinaire à Melun (Seine-et-Marne)......	hon. le 21 avril 1895.
19 avril 1885.....	Rous (E.-L.-J.)...............	Alfort....	1883.	vétérinaire militaire	
22 janvier 1893...	Roy (A.)	Toulouse.	1881.	vétérinaire militaire................	
18 octobre 1891..	Salettis (J.-G.)............	—	1889.	vétérinaire militaire................	
19 octobre 1862..	Saucour (Guy-Marie).........	Alfort....	1842.	vétérinaire militaire	»
15 janvier 1854...	Séjournant (V.-A.)...........	Alfort....	1845.	vétérinaire militaire...............	mort.
20 janvier 1884...	Simon (F.-J.)...............	—	1883	engagé conditionnel au 25e d'artillerie, puis vétérinaire à Lunéville (M.-et-M.)	
19 juillet 1857....	Taurines (P.-J.-A.)..........	—	1851.	vétérinaire militaire................	mort en 1894.
18 avril 1880.....	Tayot (J.-V.)	—	1879.	engagé conditionnel au 25e d'artillerie, puis vétérinaire à Lannois-s-Vence (Ardennes)	
17 juillet 1887....	Tellier (E.)................	—	1886.	vétérinaire à Cysoing (Nord)...............	
11 octobre 1885..	Thary (C.-E.)...............	—	1880.	vétérinaire militaire................	
18 octobre 1863..	Thurel (M.-A.)	Lyon.....	1848.	vétérinaire militaire................	»
21 octobre 1883..	Touvé (A.-A.)	Alfort....	1875.	vétérinaire militaire...............	
8 mai 1887......	Turquet (C.)...............	—	1886.	vétérinaire à Méry-sur-Seine (Aube).......	mort en 1894.
16 janvier 1848..	Verrat...	»	»	vétérin. du Duché de Savoie, à Chambéry.	mort.
16 octobre 1864..	Vielcazals (J.-P.) .4..... ...	Toulouse.	1850.	vétérinaire militaire................ ...	»
21 avril 1895.....	Vignon (G.-E.)	Lyon.....	1892.	vétérinaire militaire................	
20 janvier 1856...	Vincent (E.-F.)	Alfort....	1853.	vétérinaire à Revigny (Meuse)	
17 janvier 1869...	Voyer (Jean-Théodore)	Alfort....	1850.	vétérinaire militaire................	»
17 janvier 1857...	Vuillecard (J.-P.-V..........	Lyon.....	1833.	vétérinaire à Cousances-aux-Forges (Meuse)	mort.
20 juillet 1851....	Weber (E.-A.)..............	Alfort....	1848.	vétérinaire à Montargis (Loiret), puis à Paris	(1).

(1) Mort depuis, le 13 septembre 1900.

h. Etát de la Société au 1ᵉʳ janvier 1896 (1).

Composition du Bureau.

Président né............. M. le Préfet de la Marne.
Vice-Président honoraire. M. Mauclère.
Président................ M. Collard.
Vice-Président.......... M. Guibert.
Secrétaire-Trésorier...... M. Brissot.
Vice-Secrétaire .... M. Gobeaut.

Membres honoraires.

MM.

Bourdon, ✳, ✿, maire de Châlons-sur-Marne.

Faure (H.), ✳. ✿, ancien pharmacien, ancien député, à la Chaussée.

George (Edouard), ✿, vétérinaire à Sainte-Ménehould.

Leblanc (Camille), O. ✳, membre de l'Académie de médecine, Paris.

Lhotelain, ✳, O. ✿, président du Comice agricole de Reims.

Lefert, ✿, vice-président de la Ligue agricole, conseiller général, à Auve (Marne).

Maldan, ✿, vice-président du Comice agricole de Reims.

Maurice, ✿, président honoraire de la Ligue agricole, conseiller général, à Pringy.

Nocard, O. ✳, O. ✿, professeur à l'Ecole Vétérinaire d'Alfort.

Ponsart, ✳, agriculteur à Omey (Marne).

Rigollet, ✿, ✿, président de la Ligue agricole, conseiller d'arrondissement.

Rossignol père, O. ✿, vétérinaire à Melun.

(1) C'est la liste des membres de la Société en fonctions au 1ᵉʳ janvier 1896, d'après le bulletin de l'année 1895.

Membres titulaires.

Baudin fils (P.-H.), vétérinaire à Epernay.
Beaudier (P.), vétérinaire à Isles-sur-Suippe.
Blot (P.), vétérinaire à Reims.
Bonnemain (A.), vétérinaire à Fère-Champenoise.
Brissot (J.), ❀, vétérinaire à Suippes.
Champagne (L.-A.), vétérinaire à Montmirail.
Collard (A.), ❀, vétérinaire à Vitry-le-François.
Comus (J.-C), vétérinaire à Sainte-Ménehould.
Gailleur (P.-J.), ✳, vétérinaire militaire en retraite, vétérinaire municipal, à Châlons-sur-Marne.
Gobeaut (J.-L.), vétérinaire à Reims
Godon (E.-A), vétérinaire à Saint-Utin.
Guibert (H.-P.), ❀, vétérinaire délégué, chef du service sanitaire, à Châlons-sur-Marne.
Husson (P.-E.), vétérinaire à Thiéblemont.
Lenoir (L.), vétérinaire à Vertus, conseiller d'arrondissement.
Lerouge (H.), vétérinaire à Epernay.
Loriot (F.-A.), vétérinaire à Suippes.
Marcout (U.-E.-A.), ✳, vétérinaire militaire en retraite, à Châlons-sur-Marne.
Marmois (J.), vétérinaire municipal à Mourmelon-le-Grand.
Mathis (C.), ❀, vétérinaire à Reims.
Mauclère (L.-A.), vétérinaire à Reims.
Moreau (J.-L.), vétérinaire à Sézanne.
Mouginot, vétérinaire à Droyes (Haute-Marne).
Pouillot (P.-L.-A.), ❀, vétérinaire à Heiltz-le-Maurupt.
Reibel (G.-M.-A.), vétérinaire à Villenauxe (Aube).
Rigot (A.-R.), vétérinaire à Pogny.
Thierry (E.-A.), vétérinaire à Sermaize.

Trousset (G.), vétérinaire à Reims.
Vignon (A.-A.), vétérinaire à Vitry-le-François.

Membres correspondants.

Alison (E.), vétérinaire à Nancy.
Aureggio (E.), ✳, O. 🐢, vétérinaire principal.
Boucher (H.), 🐢, répétiteur chef de travaux, École vété-
    rinaire de Lyon.
Crevelle (E.-L.), ✳, vétérinaire en premier.
Cazenave (H.-P.-M.), vétérinaire eu second au 12ᵉ dra-
    gons, à Troyes.
Cagny (P.-L.), 🐢, O. 🐢, vétérinaire à Senlis.
Chénier (G.-D.), ✳, vétérinaire en premier au 6ᵉ cui-
    rassiers.
Collin (L.-O.), O. 🐢, vétérinaire à Vassy (Haute-Marne).
Cordier (L.), vétérinaire à Soissons (Aisne).
Declaude (N.-C.), 🐢, vétérinaire à Troyes.
Deglaire (H.-N.-M.), vétérinaire à Sedan.
Deysine (G.-E.), vétérinaire en second au 4ᵉ d'artillerie,
    à Héricourt.
Duguyot (P.-A.-O.), vétérinaire, ancien député de l'Yonne.
Dupon (J.), ✳, vétérinaire militaire en retraite, à Paris.
Evrard (E.), vétérinaire à Maubeuge (Nord).
Flamens (A.), vétérinaire à Paris.
François (A.-M.), ✳, vétérinaire principal au 25ᵉ d'ar-
    tillerie.
François (L.), vétérinaire en premier aux établisse-
    ments hippiques de Suippes.
Guénou (L.-A.), vétérinaire en premier au 8ᵉ cuiras-
    siers, à Sainte-Ménehould.
Henriot (L.-T.), vétérinaire à Chavanges (Aube).
Husson (A.-R.), O. 🐢, vétérinaire à Sedan.
Huguier (A.-M.-A.), aide-vétérinaire au 31ᵉ dragons.

Humbert (C.-E.), ✳, 🐚, vétérinaire en premier au 12e d'artillerie, à Vincennes.

Jarlot (J.-V.), vétérinaire à Auvilliers-les-Forges (Ardennes).

Joyeux (P.), vétérinaire en premier.

Laffitte père, 🐚, vétérinaire à Puymirol (Lot-et Garonne).

Lamané (R -J.), vétérinaire à Roubaix.

Laquerrière (A.), ✳, vétérinaire délégué, service sanitaire de la Seine.

Laurent (M.-A.), O. 🐚, vétérinaire délégué, chef du service sanitaire, à Bar-le-Duc.

Lefebvre (E.-L.-M.), vétérinaire au Hàvre (Seine-Inférieure).

Lutrot (L.-V.), ✳, vétérinaire militaire en retraite.

Marchal (M.-V.-J.), vétérinaire en second au 8e dragons.

Magnin (L.-H.-F.), vétérinaire en second au 18e chasseurs, à Epinal.

Mégnin (P.), ✳, O. 🐚, vétérinaire militaire en retraite, à Vincennes.

Morot (C,), O· 🐚, vétérinaire municipal à Troyes.

Mougin, 🌿, docteur en médécine à Vitry-le-François.

Moulé (L.-T.), O. 🐚, contrôleur du service de la boucherie, à Paris.

Noiset (C.-E.-H.), vétérinaire à Aubigny (Ardennes).

Ory (J.-A.), vétérinaire à Fleurs (Loire).

Paulin (J.-F.), vétérinaire à Saint-Dizier (Haute-Marne).

Perrot (C.), vétérinaire en second aux établissements hippiques de Suippes.

Pollet (J.-A.), ✳, O. 🐚, vétérinaire délégué, chef du service sanitaire, à Lille.

Pont (J.-F.), vétérinaire en second, au 3e chasseurs.

Quiclet (R.-P.-G.), vétérinaire en premier.

Rancoule (J.-E.-L.), vétérinaire en 1er au 28e dragons.

Rigollat (J.-L.), ⚜, vétérinaire en premier au dépôt de
  remonte, à Paris.
Robin (A.), vétérinaire à Eguilly (Aube).
Rohr (M.-M.), ⚜, vétérinaire en premier au 17e d'ar-
  tillerie.
Salettis (J.-G.), aide-vétérinaire.
Simon (F.-J.), vétérinaire à Lunéville (Meurthe-et-
  Moselle).
Tellier (E.), vétérinaire à Cysoing (Nord).
Tayot (J.-V.), vétérinaire à Lannois-s-Vence (Ardennes).
Thary (C.-E.), vétérinaire en second au 5e dragons.
Touvé (A.-A.), vétérinaire en premier au 19e dragons.
Vincent (E.-F.), vétérinaire à Revigny (Meuse).
Vignon (G.-E.), vétérinaire en second au 1er chasseurs.

Sociétés correspondantes.

Société centrale de médecine vétérinaire, à Paris.
Société de médecine vétérinaire pratique, à Paris.
Société des vétérinaires Lorrains.
Société vétérinaire de l'Aube.
Société de médecine vétérinaire du département de
  l'Oise.
Société de médecine vétérinaire des Ardennes.
Société de médecine vétérinaire des départements du
  Centre.
Société vétérinaire d'Eure-et-Loir.
Société des Sciences et Arts de Vitry-le-François.
Société des Agriculteurs de France.

IV

Prix décernés par la Société vétérinaire de la Marne depuis sa fondation jusqu'en 1895.

CONCOURS DE 1849.

1re *question*. — Quel est l'état actuel de l'espèce chevaline dans le département de la Marne ? De plus, indiquer, selon les localités, les meilleurs moyens d'amélioration et de propagation.

2r *question*. — Généralement, dans les exploitations rurales, on distribue sans ordre et sans discernement les aliments aux animaux, et l'on n'en tire pas tout le parti possible : quels sont les moyens à mettre en usage pour les économiser et en améliorer l'emploi ?

Un seul mémoire fut adressé à la Société. Pas de récompense. L'auteur reçut une lettre de remerciement.

CONCOURS DE 1850.

1er concours. — La première question du concours de 1849. (Une médaille d'or de 100 fr.).

2e concours. — La deuxième question du concours de 1849. (Une médaille d'or de 100 fr.)

3° concours. — Une médaille d'or de la même valeur à l'auteur du meilleur mémoire sur l'affection connue

sous le nom de tournis dans les espèces bovine et ovine.

4e concours. — Une médaille d'or de la même valeur à l'auteur du meilleur mémoire sur les affections dites anémie et hydrohémie, dans les animaux domestiques.

Un seul mémoire parvint à la Société. Il se rapportait à la première question. Pas de récompense, mais une lettre de remerciement fut adressée a l'auteur.

CONCOURS DE 1874.

Un prix de deux cents francs ou une médaille d'or de même valeur. M Eugène DARAY, vétérinaire en premier au 4e hussard : Thermométrie médicale.

CONCOURS DE 1876.

Prix de 200 francs.

Médaille d'or.

M. CHÉNIER, vétérinaire au 14e d'artillerie : De l'atrophie du coussinet plantaire, de ses causes et de son traitement.

Médaille d'argent.

M. Léon MOULÉ, vétérinaire à Vitry-le-François : Les plantes vénéneuses ou suspectes du département de la Marne.

CONCOURS DE 1878.

Prix de 200 francs.

Médaille d'or.

M. AUREGGIO, vétérinaire en 2e au 4e hussards : Sur la cautérisation en pointes fines et pénétrantes.

Médailles d'argent.

M. Marcout, vétérinaire en 1er au 25e d'artillerie :
Etude sur la Basse-Cochinchine.

M. Laquerrière, vétérinaire en 1er au 3e chasseurs :
De la dilatation du sabot par la ferrure.

Médaille de bronze.

M. Rigollat, vétérinaire en 2e au 7e dragons : Des
embolies.

CONCOURS DE 1879.

Médailles d'argent.

M. Laffitte père, vétérinaire à Puymirol (Lot-et-
Garonne) : Etude pratique sur les frictions et le mas-
sage.

M. Felizet Laurent, vétérinaire à Elbeuf (Seine-
Inférieure) : Les hernies inguinales.

CONCOURS DE 1881.

Médaille de bronze.

M. Rigollat, vétérinaire en 2e au 8ᵉ dragons : Cautérisation en pointes pénétrantes.

CONCOURS DE 1883.

Médaille d'argent grand module.

M. Gsell, vétérinaire à Mondoubleau : Traitement
des épanchements pleuraux par la thoracenthèse.

Médaille d'argent.

M. Laffitte père, vétérinaire à Puymirol : Entérite
pseudo-membraneuse.

Médaille de bronze.

M. Charles Martin, vétérinaire à Brienne-le-Château :
L'aphtose des bêtes bovines et le choléra des vo-
lailles.

CONCOURS DE 1890.

Prix de 300 francs.

Médaille de vermeil.

M. BOUCHER Hubert, répétiteur à l'Ecole vétérinaire de Lyon : De l'alimentation rationnelle des bovidés.

Médaille d'argent.

M. FAULON, vétérinaire à Sarramon (Gers) : De la phlébite ombilicale.

Médaille de bronze.

M. MARCHAL, vétérinaire en 2ᵉ au 18ᵉ dragons : De la remonte des chevaux de l'armée, en France.

CONCOURS DE 1893.

Prix de 500 francs.

Médaille de bronze.

M. Emile JACQUOT, vétérinaire à Saint-Nicolas-du-Port (Meurthe-et-Moselle) : Traitement rapide et certain du mal de garrot.

Mention honorable.

M. CARONI Anselme, vétérinaire à Nanterre : Empoisonnement des chiens par l'injection sous-cutanée de sulfate de strychnine.

CONCOURS DE 1895.

Prix de 400 francs.

Médaille d'argent.

M. COZETTE, vétérinaire à Noyon (Oise) : Contribution à l'étude de la contagion de la tuberculose par le lait.

CONCOURS RÉGIONAL DE MARÉCHALERIE

Organisé par la Société vétérinaire de la Marne et le Comice agricole de l'arrondissement de Reims, le 23 juin 1895.

1er *prix*. — 100 fr. et une grande médaille de vermeil offerte par la ville de Reims : M. Clément, maréchal à Vitry-le-François.

2e *prix*. — 75 fr. et une médaille de vermeil (grand module) offerte par le Comice de Reims : M. Soidé, maréchal à Vouziers.

3e *prix*. — 60 fr. et une médaille de vermeil offerte par la Ligue Agricole de la Marne : M. Franqueville, maréchal à Reims.

4e *prix*. — 50 fr. et une médaille d'argent offerte par le Comice de Reims : M. Sabatier, maréchal à Reims.

5e *prix*. — 40 fr. et une médaille d'argent offerte par le Comice de Reims : M. Guillemin, maréchal à Roucy.

6e *prix*. — 25 fr. et une médaille d'argent offerte par le Comice de Reims : M. Méreau, maréchal à Reims.

7e *prix* : M. Marceau, maréchal à Reims.

8e *prix*. — (Prix supplémentaire). Médaille de bronze offerte par le Comice de Reims et 10 fr. : M. Ancien, maréchal à Reims.

Prix spécial. — Médaille d'argent et 20 fr. : M. Chatelain, âgé de 15 ans, à Vitry-le-François.

Maréchaux militaires.

1er *prix*. — Médaille d'argent et 30 fr. : M. Meneret, maréchal au 25e d'artillerie.

2e *prix*. — Médaille de bronze et 20 fr. : M. Guérin, maréchal au 8e dragons.

3e *prix*. — Médaille de bronze : M. Deschamps, maréchal au 12e hussards.

Tous les prix en espèces ont été offerts par la Société vétérinaire de la Marne.

V

Table, par ordre alphabétique des auteurs, des principales matières publiées dans les bulletins de la Société Vétérinaire de la Marne (*de 1846 à 1895 inclus*). (1).

A

	Années	Pages
ANDRÉ (Urbain). Voir : *Dupon.*		
AUMIGNON *aîné* (Dieudonné). Allocution du secrétaire à la séance d'inauguration de la Société (19 avril 1846)	1846-1847	8
— Plaie ombilico-intestinale avec écoulement de matières alvines	—	69
— Influence du suffrage universel sur l'avenir de l'agriculture	1847-1848	153
— Parturitions laborieuses : 1° Deux fœtus se présentent ensemble	1853	40
2° Ascite du fœtus, ayant acquis un développement extraordinaire	—	41
— Présentation de pièces : 1° Une tumeur anévrismale de l'artère cœliaque communiquant avec le gros côlon	1854	79
2° Vingt-cinq pelotes pileuses trouvées dans la matrice d'une vache	—	80
3° Dilatation de l'œsophage d'un cheval	—	80
— Exostose remarquable des phalanges d'un cheval.	1857	23
— Arthrite fémoro-tibiale dans l'espèce bovine	—	24
— Végétations osseuses de six vertèbres dorsales (jument)	—	25
— Poulain hydrocéphale	—	27, 36
— Fœtus phénoménal (veau)	—	29

(1) Dans cette table ne figurent que les travaux originaux et la correspondance ayant une importance scientifique. Pour les discussions, les incidents divers, les questions relatives à l'administration et au fonctionnement de la Société, etc., se reporter à la table par ordre des matières.

Pour les recherches à faire dans le bulletin de 1893, tenir compte de la pagination erronée. Les numéros des pages de 77 à 96 sont en double.

	Années	Pages
AUMIGNON *aîné* (Dieudonné). Ferrure pathologique au désencasteleur...	1857	34, 51
— Monstruosité utérine recueillie chez une vache...	—	38
— Sur les suites de la non délivrance chez la vache...	1858	5
— Sur le thé de foin...	—	18
— Notes sur quelques cas de rage...	—	42
— Fœtus phénoménal...	1859	66
— Dangers qu'offrent les affections charbonneuses...	1860	28
— Sur une maladie vermiculaire des jeunes seigles...	1863 / 1864	63 / 5
— Rétention d'urine chez une jument. Tube à demeure...	1866	24
— Cachexie, causes...	1867	17
— Rapport administratif sur le choléra des poules...	1868	19
— Instructions pratiques sur le typhus	1871	9
— Peste bovine et enfouissements. Rapport au Comité d'hygiène...	—	18, 24
— Jabot œsophagien, vomissements répétés...	1872	42
— Rapport administratif sur le typhus des bêtes à cornes en 1870, 1871, 1872...	—	61
— Coliques chez le cheval. Tumeur (lipôme) de l'épiploon (en collaboration avec M. Mégnin)...	1873 / 1874	42 / 16
— Communication de travaux sur la fécondation des mules...	—	9
— Deux cas d'obstruction des bronches	—	38
— Calcul rénal...	—	49
— Egagropile sur les volailles...	—	50
— Responsabilité des chemins de fer.	—	51
— Rupture de l'oreillette droite chez le cheval...	1875	13
— Examen microscopique d'un bézoard présenté par M. Charpentier...	1876	8
— Tumeur polypeuse du rumen, de 12 kilos 500...	—	26
— Sur les chevaux de la Plata (Travail de M. Callot)...	1877	7
— Note sur la viande importée d'Amérique par le *Frigorifique*...	—	19

	Années	Pages
Aumignon *aîné* (Dieudonné). Gastrotomie chez la vache dans le cas de tympanite avec surcharge	1877	37
— Blâme d'une réclame pour un *onguent rouge*	—	46
— Tumeur charbonneuse chez un cheval	—	50
— Epizootie de clavelée	—	52
— Epizootie de clavelée (collaboration de M. Collard)	1879	11
— Ignorance et charlatanerie	1880	67
— Cirrhose du foie et hypertrophie de la rate chez le porc. Lettres de MM. Trasbot et Girard sur cette observation	1881	9, 31
— A propos de la loi sur la police sanitaire des animaux	1882	6
— Loi sanitaire et fièvre typhoïde du cheval (collaboration de M. François)	—	11
— Présentation de deux machoires inférieures de cheval, portant chacune une exostose	1882	15
— Extrait du compte rendu du service des épizooties en 1882	1883	11
— Rapport sur la péripneumonie et l'organisation du service sanitaire	—	44
— Rapport sur le tarif des honoraires dans le service sanitaire	—	54
— Péripneumonie contagieuse, indemnité	—	70
— Résumé de l'état sanitaire du département pendant l'année 1883	1884	57
— Péripneumonie contagieuse dans la Marne	—	87
— Péripneumonie contagieuse. Séquestre pulmonaire	1886	12
— Service sanitaire. Circulaire du vétérinaire délégué	—	15
— Instruction pour la désinfection	—	17
— Extrait du rapport du vétérinaire délégué sur le service des épizooties	—	85
— Note sur le service sanitaire dans le département de la Marne	1887	75

	Années	Pages
Aumignon *aîné* (Dieudonné). Sur un cas de rage	1887	90
— Rapport administratif sur l'inspection des foires et marchés	1888	71
— Discours prononcé aux obsèques de M. George père	—	13
— Rapport du vétérinaire délégué sur la fièvre aphteuse	—	23
— Rapport administratif sur les épizooties	—	51
— Allocution du président honoraire	1889	7
— Don d'un diplôme de l'an X	1892	33, 103
Voir : *Mauclère*.		
Aumignon *jeune* (Alexandre). Rapport sur la 4e session (1847) du Congrès central agricole	1846-47	36
— Réflexions sur la méthode Guénon	1847-48	142
— Choix des vaches laitières. Compte rendu de l'ouvrage de M. Magne	1850	28
Aureggio (Eugène). Acné sébacée sur le cheval	1874	12
— La glycérine contre les caries osseuses	—	33
— Note sur l'emploi de la glycérine	1875	10
— 'Angine épizootique des chevaux de troupe	1876	30
— Quelques cas de morve	—	31
— Note sur les causes de la fluxion périodique et de la morve	1877	42
— Lettre à propos de la question des remontes	1890	142
Voir : *Collard, Renard*.		

B.

	Années	Pages
Baudesson (Arthur). Deux cas d'exomphale. Guérison par l'acide azotique	1850	8
— Un mot sur la maladie dite des chiens	—	23
— Un mot sur l'état général de la production chevaline dans l'arrondissement de Reims	1853	7
— Fracture de la colonne vertébrale avec lésions de la moelle épinière	—	27

	Années	Pages
Baudin *père* (Alphonse-Auguste). Observations sur certaines tumeurs abdominales	1856	103
— Fièvre vitulaire	1860	36
— Ingestion d'un corps étranger, abcès consécutif des côtes (vache)	1861	86
— Rapport sur un instrument inventé par le berger Chatriet, pour le pansement des maladies du pied du mouton	1862	38
— Discours prononcé aux obsèques de M. Descôtes	1864	47
Bass (Eugène). Voir : *Collard*.		
Beaudier (Paul). Tumeur fibreuse péri-œsophagienne (cheval)	1894	53
— Fistule intestinale (cheval)	—	54
— Amputation de la matrice (vache)	—	54
— Jabot rectal (cheval)	—	56
— Fer à pansement	—	81
Bergéaud (L.-N.-A.). Ténesme dans l'espèce bovine	1863	21
— Pustule maligne des accoucheurs	1866	48
Bernard (L.-A.). Tumeur polypeuse de l'ethmoïde (cheval)	1873	44
— Un cas de responsabilité commerciale	—	45
Berthe (Auguste). Notes sur une altération du sang compliquée, de lésions particulières du tube gastro-intestinal, remarquée sur les chevaux et les ânes	1852	17
Bitterlin. Voir : *Gayot du Fresnay*.		
Bonnet-Large (P.-A.-M.). Voir : *Henriot*.		
Boucher (Hubert). Voir : *Brissot*.		
Brissot (Jules). Enquête sur l'empirisme	1885	11
— Péricardite traumatique avec pleurésie du côté droit (vache)	—	17
— Traitement mystérieux de la mammite chez la vache	—	25
— Conférence sur la tuberculose	—	97
— Tuberculose des cavités nasales chez une génisse	1886	22
— Maladie du cervelet (cheval)	—	80
— Conférence sur l'avortement épizootique des brebis	1887	17

	Années	Pages
Brissot (Jules). Conférence sur le tournis du mouton	1887	25
— Tumeur excrémentitielle extra-rectale, chez la poule	—	57
— Fistule salivaire du canal de Wharton (chien)	—	59
— Vomissement chez une vache	—	61
— Présentation d'un crâne de cheval	—	95
— Déchirure de l'œsophage dans sa portion pectorale, chez le cheval	1888	29
— Analyse des bulletins des sociétés vétérinaires du Loiret et de l'Aube	—	53
— Météorisation. Renversement de l'utérus et du vagin chez la vache	—	59
— Rapport sur la flamme universelle Declaude	1889	50
— Symptômes rabiques chez un chien	—	54
— Hernie pelvienne. Constipation. Position anormale du sujet. Valeur diagnostique de ce symptôme	—	56
— Gestation à gauche chez une vache	—	79
— Empirisme	—	83
— Bec de perroquet renversé	—	113
— Pseudo-hermaphrodisme chez le cheval	—	114
— Le perchlorure de fer comme agent cicatrisant	—	114
— Rejet des liquides par les cavités nasales et météorisation chez une génisse	—	117
— Jabot œsophagien et vomissements chez un poulain	—	120
— Métrorragie chez une vêle de deux mois	—	122
— L'avortement épizootique des brebis	—	156
— Hypertrophie du thymus chez une vache	1890	17
— Part gémellaire. Présentation antérieure et position vertébro-sacrée (vache)	—	20
— Commotion cérébrale chez un chien	—	144
— Part laborieux, monstre célosomien (vache)	—	146
— Déviation de l'encolure chez une vache	—	149

	Années	Pages
BRISSOT (Jules). Kyste utéro-vaginal chez une vache	1890	108
— Arthrite traumatique temporo-maxillaire chez un cheval	1891	14
— Propriétés vomitives du sulfate de vératrine	—	18
— Rapport sur le concours de 1890 :	—	28
1° Lymphangite et abcès gourmeux (Travail de M. Faulon)	—	28
2° De la phlébite ombilicale au point de vue de la médecine préventive et de l'hygiène publique (Travail de M. Faulon)	—	28
3° De l'alimentation rationnelle des bovidés (Travail de M. Boucher)	—	31
4° (Analyse de MM. Brissot et Magnin). De la remonte des chevaux de l'armée, en France. (Mémoire de M. Marchal)	—	36
— Affection pulmonaire observée sur plusieurs bovins de la même étable	—	75
— De la ponction de l'intestin	—	131
— Compte rendu de la délégation envoyée à M. Renard, président	1893	11
— Hydropisie synoviale tendineuse de la pointe de l'épaule chez un cheval	—	16
— Rapport de la commission du tarif des honoraires des vétérinaires sanitaires de la Marne	—	21
— Un peu de pathologie bovine	—	36
— Anasarque avec complication de gangrène scrotale chez un chien	—	85
— Synovite traumatique de la petite gaine sésamoïdienne chez un cheval. Avantages d'une rigoureuse antisepsie	—	89
— Lettre au *Répertoire* sur le traitement de la fièvre aphteuse	—	106
— Fer avec plaques à pansement	—	109
— Notice sur Aumignon aîné	1894	40
— Protestation au sujet d'un cas de jabot œsophagien	—	50

	Années	Pages
Brissot (Jules). Congestion de la matrice chez une vache en état de gestation	1894	89
— Difficultés obstétricales	—	95
— Note pour servir à l'histoire de l'emphysème sous-cutané, généralisé ou non, dans l'espèce bovine notamment	—	118
— Compte rendu de la session du Grand-Conseil (novembre 1894)	1895	25
— Abcès et inflammation chronique du lobe moyen du poumon droit, adhérence de celui-ci à la paroi costale et au diaphragme, coïncidant avec la présence d'un corps étranger au niveau du réseau	—	85
— Pleuro-péricardite traumatique, vache.	—	89
— Endocardite aiguë chez une vache	—	90
— Déformation de la région sterno-costale, en arrière du coude droit, occasionnée par un abcès sous-pleural d'origine traumatique	—	94
— Moyen pour lever une vache parétique. Ses avantages	—	99

C

Callot (J.-A.). Arthrite rhumatismale ambulante	1874	50
— Hépatite enzootique	1877	24
— Vœu sur la police sanitaire (présenté a la Société des Agriculteurs de France au nom de la Société)	1881	34
Voir : *Aumignon aîné, Collard*.		
Camerel. Lettre sur la péripneumonie (erratum)	1848-49	101
Capitant (Victor). Morve aiguë spontanée	1876	50
Caroni (Anselme). Voir : *Vignon*.		
Cévermet Juste. Revendications professionnelles	1889	125
Champagne (Louis). Inoculations charbonneuses	1882	20
— Sur la torsion de l'utérus	1889	139

	Années	Pages
CHAMPAGNE (Louis). Demi-torsion de la matrice	1889	154
CHARLIER (Pierre). Sur la castration des vaches par le vagin	1850	33
— Sur la castration des vaches par le vagin	—	45
— Castration de la vache	1853	49
— Castration des juments	—	58
— Castration de la vache	1854	6
— Instruments de M. Dupont pour supprimer les cornes des jeunes veaux	—	21
— Castration des vaches	—	71
— Castration des vaches et des juments	—	78
CHARPENTIER (J.-P.) Un cas de morve spontanée	1875	51
— Bézoard volumineux	—	51
— Epizootie charbonneuse	1876	6
— Au sujet de l'instruction des maréchaux ferrants dans l'armée	—	22
— Compte rendu d'une brochure de la Société vétérinaire du Brabant	—	23
— Compte rendu d'un mémoire de M. Mégnin sur les échinocoques	—	24
— Abcès des côtes consécutif à l'ingestion d'une aiguille à tricoter	—	24
— Rapport sur le concours de 1876:	—	53
1° Des abortifs et de l'embryotomie en médecine vétérinaire (Travail de M. Rancillia)	—	53
2° De l'atrophie du coussinet plantaire, de ses causes et de son traitement (Travail de M. Chénier)	—	54
3° Des plantes vénéneuses ou suspectes du département de la Marne (Travail de M. L. Moulé)	—	55
— Des conditions de transmission de la gale d'une espèce animale à une autre et à l'homme (Travail de M. Mégnin)	—	56
CHATRIET. Voir : *Baudin*.		
CHÉNIER (Gustave). De l'atrophie du coussinet plantaire, de ses causes, de ses conséquences et de son traitement	1876	95
Voir : *Charpentier*.		

	Années	Pages
CHEVILLON, docteur. Effets de la nielle sur l'économie animale	1854	9
COLLARD (Albert). Coliques. Tumeur mélanique de 50 kilogs	1874	24
— Responsabilité professionnelle à l'occasion de la morve	—	28
— Fer pathologique des Francs	—	49
— Calcul de l'ovaire chez la poule	—	50
— Analyse par M. Collet d'un calcul rénal	1875	12
— Communication d'un rapport sur la session de 1875 de la Société des Agriculteurs de France	—	35
— Mémoire sur l'exercice de la médecine vétérinaire	1876	8
— Rapport administratif sur la contagion de la fièvre aphteuse à l'homme	—	32
— Sur l'état de l'espèce chevaline dans la République Argentine (Travail de M. Callot)	—	38
— Extraits de rapports administratifs sur la péripneumonie	1877	16
— Rapport administratif sur la fièvre aphteuse	—	47
— Au sujet de la viande d'Amérique (MM. Collard et Callot)	—	53
— Rapport sur une épizootie d'angine et de morve (Travail de M. Aureggio)	1878	14
— Nouveau mémoire de M. Aureggio sur la morve	—	29
— Analyse de différentes brochures de M. Hugues :	1879	54
1° Etat cartilagineux de l'oreillette droite	—	54
2° Deux mémoires sur la morve	—	55
3° Dissertation sur la thérapeutique dosimétrique	—	56
4° Dégénérescence graisseuse du cœur	—	57
5° Boiteries chroniques du cheval traitées par la névrotomie (MM. Hugues et Hardy)	—	58
6° Notice sur le crapaud	—	60

	Années	Pages
COLLARD (Albert). 7° Y a-t-il lieu de modifier la loi belge sur les vices rédhibitoires ?	1879	64
— Notice nécrologique sur M. Wibert.	1880	50
— A propos d'un remède secret contre les coliques	1881	6
— Sur un procédé de réduction de la torsion de l'utérus (extrait du Bulletin de la Société de Médecine vétérinaire pratique)	—	59
— Le cheval dans les temps anciens et dans les temps modernes....	1882	12
— La vente des chevaux réformés au point de vue sanitaire	1883	29
— Chambres consultatives d'agriculture	—	70
— Fumiers et contagion. Désinfection.	—	71
— Concours régional d'Épernay en 1884	1884	97
— Rapport sur le concours régional de Nancy	1885	33
— Paraplégie chez le cheval	—	44
— Notice sur H. Bouley	1886	9
— Conférence (résumé succinct)	—	21
— Erreur de lieu	—	47
— Haras et Remontes (conférence)...	—	49, 50
— Renversement de la matrice chez la jument. Deux cas. Guérison...	—	65
— Loi sur les vices rédhibitoires sous les rois Francs de la 1re race	1887	64
— Pleurésie porcine	—	72
— Conférence sur le mildew	—	74
— Quatre chevaux foudroyés et un homme blessé	—	96
— Classement des chevaux et voitures.	—	100
— A propos de *L'Histoire du cheval en France*	1888	33
— Bronchite diphtéritique chez une vache	—	41
— Lettre de Voltaire à Bourgelat	—	57
— Rapport sur un projet d'association générale de prévoyance pour les vétérinaires	1889	24
— Présentation d'un appareil éthérisateur	—	30

	Années	Pages
Collard (Albert). Un vétérinaire faiseur d'empiriques	1889	82
— L'histoire du cheval et des autres animaux domestiques en France depuis les temps les plus reculés jusqu'au Moyen-Age	—	165
— Discours prononcé aux obsèques de M. Moulé père	1890	9
— Egagropiles chez un veau	—	35
— L'espèce bovine dans le département de la Marne	—	161
— Sur la ferrure des chevaux difficiles par l'électricité	1891	13
— Rapport sur le concours régional agricole de Bar-le-Duc, en 1891	—	56
— Le cheval et les autres animaux domestiques en France dans les institutions du Moyen-Age	1892	53
— La cachexie ossifrage dans l'arrondissement de Vitry-le-François	1893	41
— Discours prononcé aux obsèques de M. Renard	—	58
— Allocution du président, lors de son entrée en fonctions	—	73
— Protestation. Lettre au président de la Ligue Agricole	—	80
— Délibération du Conseil général sur la pétition des vétérinaires sanitaires (tarif des honoraires)	—	98
— Note sur l'emploi du plâtre en agriculture	1894	22
— Cachexie ossifrage (Travail de M. Eug. Bass)	—	18
— Traitement des coliques chez le cheval. Pilocarpine et ésérine. (Note de M. Eugène Bass)	—	21
— A propos du projet de loi sur l'exercice de la médecine vétérinaire	—	30
— Notice nécrologique sur Aumignon aîné	—	34
— Banquet de la Ligue Agricole	—	45
— Réunion annuelle de la Société de Médecine vétérinaire pratique	—	45
— Protestation au sujet d'une étude sur l'emploi du plâtre en agriculture	—	69

	Années	Pages
COLLARD (Albert). Tuberculose généralisée chez un porc	1894	79
— Sur la création d'un laboratoire de bactériologie à Reims (par MM. Collard et Guibert)	1895	18
— Compte rendu de la conférence de M. Nocard, du 6 avril 1895, à Troyes, sur la tuberculinisation.	—	49
— Méningite tuberculeuse chez une vache	—	53
— Discours prononcé au concours de maréchaleric de Reims	—	58
— Loi sur l'exercice de la médecine vétérinaire	—	120
Voir : *Aumignon aîné.*		
COLLET. Voir : *Collard.*		
CORNAY, docteur. Voir : *Gayot du Fresnay.*		
COZETTE (O.-P.). Voir : *Vignon.*		
CROUZON. Voir : *Gayot du Fresnay.*		

D.

	Années	Pages
DARAY (J -E.-E). Fécondation de la mule : mémoire lu à l'Institut royal de Naples, le 19 septembre 1872 par M. de Nanzio. Analyse du lait (Traduit de l'italien)	1874	7
— Eczéma des accoucheurs (traduction)	—	27
DEBEURY-LATAIX (J.-L.). Présentation d'un anneau nasal	1861	66
— Présentation d'un bandage-pessaire	—	86
DECLAUDE (Cyrille). Voir : *Brissot.*		
DESCÔTES (Bienvenu). Biographie de Bourgelat. Erection d'un monument à sa mémoire	1847-48	10, 11
— Observations sur la nature et l'amélioration de l'espèce bovine, sur le système Guénon et sur la péripneumonie épizootique du gros bétail.	—	122
— Blessure de la carotide	—	147
— De l'importance des prairies artificielles ; du choix et du gouvernement des animaux domestiques pour la prospérité agricole	1848-49	41

	Années	Pages
Descôtes (Bienvenu). De l'agnelage d'été, principalement dans les races fines	1848-49	61
— Des cendres de tourbe employées comme amendement	1850	13
— Bouture de pommes de terre	1851	20
— Régénération de la pomme de terre.	1852	146
— Conceptions prématurées	1853	31
— Conservation des viandes	—	39
— Tétanos guéri par l'ivresse	1854	13
— Coliques causées par l'émeri	—	27
— Effets de l'arsenic dans l'homme et chez les animaux	—	86
— Engraissement du bétail	1856	15
— La fluxion périodique au point de vue rédhibitoire	—	48
— Diathèse et affections typhoïdes	1859	66
— Répression du mauvais traitement des animaux	1860	35
— Fièvre vitulaire	1861	9
— Typhus	—	18
— Fureur utérine chez la vache, guérison par un traitement manuel	—	19
— Angine de poitrine	—	62
— Tétanos guéri sur un âne	—	83
Delafond (O.). Voir : *George père.*		
Delasalle. Allocution du président-né à la séance du 21 janvier 1883	1883	8
Demilly (L.-N.). Observations sur les sociétés vétérinaires en général (5 nov. 1846)	1846-47	29
— Observations sur une cause non encore signalée et irrévocable de maladie de peau	—	91
— La contracture pelvienne chez le cheval	1852	43
— Paraplégie et contracture pelvienne.	1853	60
— Effets toxiques de l'acacia des jardiniers	1854	52
— Observations sur une cause non encore signalée de maladie de peau. Réclamation de priorité	—	70
— Péripneumonie bovine	1856	87, 95
— Hygiène et éducation des animaux.	1858	33
— Des acéphalocystes (en collaboration avec M. Mauclère)	—	53

	Années	Pages
DEMILLY (L.-N.). Fluxion périodique des yeux, ses causes, son traitement	1861	27
— Examen des trois systèmes zootechniques de reproduction applicables aux animaux domestiques..	1863	34
DROUET (J.-G.-A.-T.). Voir : *François L.*		
DUPLAQUET. Observation sur un cas de déchirure de l'œsophage (cheval)..	1856	78
DUPON (J.). Notes et observations au sujet du mémoire de M. Laffitte père sur les hernies inguinales	1880	36
— Rapport sur une pétition-circulaire de M. Richard au sujet des Haras et des Remontes	1881	38
— Note sur une épizootie de lymphangite. Réponse à M. S. Girard	—	41
— Note tendant à démontrer l'identité du foie et de la rate	—	45
— Analyse du bulletin de la Société de médecine vétérinaire du Brabant :	—	60
1° Paralysie enzootique du cheval (André Urbain)	—	60
2° Jurisprudence. Vache tuberculeuse (André Urbain)	—	62
— Citation d'un cas de boiterie causée par une embolie	1882	14
— Des affections morvos-farcineuses au point de vue de la pathologie du cheval de troupe	1884	105
— Traitement de l'arthrite traumatique par l'iodure de fer	1887	63
DUPONT. Voir : *Charlier.*		
DUTRON. Traitement de la gale du cheval	1873	32
— Traitement du tétanos par le chloral	1874	21
— Tumeur squirreuse du poumon (bœuf)	1875	32
— Rapport sur *l'Affection typhique du cheval* (Travail de M. Mégnin)	—	44

— 82 —

	Années	Pages

F.

FAULON (Urbain). Voir : *Brissot.*

	Années	Pages
FAURE (Hippolyte). Note sur l'utilité des phosphates en agriculture.	1848-49	15
— Procédé de M. Grandval pour concentrer les extraits pharmaceutiques	1851	7

FÉLIZET (Laurent). Voir : *Renard.*

FRANÇOIS (Jean-Baptiste-Alphonse). Voir : *Aumignon aîné.*

	Années	Pages
FRANÇOIS (L.). Endocardite aiguë chez un cheval, se rattachant à la diathèse rhumatismale. — Mort.	1893	100
— Pleurésie unilatérale (cheval). (Collaboration de M. Drouet)	1894	71

G.

	Années	Pages
GAILLEMAIN. Discours prononcé aux obsèques de M. Renard, président.	1893	60
GAILLEUR (Julien). Castration d'un cheval cryptorchide	1883	33
— Inoculation contre les morsures de serpent	1895	112

GARREAU (F). Voir : *Mauclère.*

	Années	Pages
GAYOT DU FRESNAY (Claude-Nicolas). Discours prononcé à la séance d'inauguration de la Société, le 5 novembre 1846	1846-47	5
— Observations relatives à l'exercice de la médecine vétérinaire, soumises au Conseil général de la Marne, dans sa session de 1840.	1854	43
— Rapport à M. le Préfet sur la cherté des viandes de boucherie	1855	37
— Rapport à M. le Préfet sur les épizooties	1856	35
— Rapport à M. le Préfet sur la péripneumonie	—	42
— Rapport à M. le Préfet sur la péripneumonie	—	53
— Rapport à la Société d'agriculture sur un mémoire traitant de l'ac-		

	Années	Pages
tion physiologique des percepta, sur le système nerveux cérébro-spinal dans les différentes classes de l'échelle animale............	1856	81
GAYOT DU FRESNAY (C.-L.). Rapport à M. le Préfet sur une épizootie de bronchite catarrhale chez le cheval ..	—	83
— Note critique sur la contagion du farcin du cheval à l'homme	1858	21
— Observations relatives aux maladies ou vices rédhibitoires	1859	56
— Présentation d'une collection de pièces pathologiques...........	—	64
— Sur le règlement de la Société.....	1860	15
— Traitement du piétin (procédé Mouchon)......................	1862	33
— Le chloroforme dans les coliques du cheval......................	—	35
— Notice sur les mots : hippiatre, vétérinaire et maréchal, par J.-B. Huzard.................	—	47
— Qualités nutritives de la carotte....	—	79
— A propos d'une lettre adressée à M. Renault....................	—	85
— Rapport à la Société d'agriculture sur la *Reconstitution du cheval sauvage primitif* (Travail de M. le Dr Cornay)	—	82
— Au sujet des statistique sanitaires	—	86
— Responsabilité des vétérinaires dans la rage..................	1863	58
— Mort de 3 chevaux et d'un âne d'une affection adynamique inconnue ..	—	64
— Inoculation du typhus des bêtes à cornes, à Berlin..........	1864	17
— Empoisonnement de chevaux par l'if, le laurier-rose, la clématite, l'anémone, etc..............	—	24
— Sur la rage et son traitement	—	50
— Extrait d'un mémoire sur l'ostéo-sarcome ou ostéo-sarcose, appelé téras chez les bêtes à cornes, par M. Crouzon.................	—	79
— Rôle des vétérinaires dans le progrès zootechnique	1865	6

	Années	Pages
Gayot du Fresnay (C.-L.). Hippophagie....	1865	17
— Sur l'âge du cheval..............	—	19
— Péripneumonie bovine..........	—	20
— Un cas de guérison de la rage.....	—	21
— Note anecdotique sur un cheval portant lunettes...............	—	22
— De la médecine vétérinaire et de l'empirisme, par Henri Giraud...	1866	50
— Allocution du président au sujet de la réinstallation du bureau	1867	34
Gayot (Eugène). Extrait d'un travail sur le limousin équestre............	1857	8
Grandval. Voir : *Faure*.		
Gatayes (Léon). Voir : *George aîné*.		
George *aîné* (Charles-Eugène). Déchirure du rumen à la suite d'un coup de corne	1848-49	35
— Coliques causées par un lipôme ayant entraîné une oblitération complète de l'intestin.................	1851	25
— Hydrocèle double chronique sur un cheval, compliqué de gangrène partielle du scrotum	1852	137
— Dilatation de l'œsophage chez le cheval........	1853	21
— Squirre du col de l'utérus chez la vache	—	37
— Causeries hippiques, de M. Léon Gatayes......	1862	22
— Maladie épizootique des poules....	1863	59
George *jeune* (Jean-François-Edouard). Observations de gastrite aiguë suivie de vomissements, avec dégénérescense squirreuse de la caillette et du pylore chez les grands ruminants	1848-49	15
— Hydropisie vésiculeuse observée pendant la gestation chez une vache........	1850	17
— Des injections iodées..........	1851	33
— Etiologie des engorgements gangréneux consécutifs à certaines opétions......................	1855	19
— Observation sur une hernie ventrale avec étranglement et entérorragie, opération, guérison	1862	86

	Années	Pages
GEORGE *jeune* (J.-F.-E.). De la morve, traitement par l'iodure de soufre, par l'arsenic et la noix vomique	1863	24
— Hernie de la pointe du cœcum par l'arcade crurale................	1866	35
— Fracture de la symphyse ischio-pubienne chez le cheval..........	—	42
— Etiologie du champignon	1873	7
— Obstruction de l'urèthre chez un cheval	—	13
— Cornage chez un poulain de deux ans........................	—	17
— Coliques. Thrombose de la veine cave antérieure (cheval)........	—	26
— Coliques. Rupture d'un jabot (cheval)	—	30
— Fongus de l'œil chez la vache, traitement	—	30
— Métrite chronique chez la vache. Gestation simulée............	—	21
— Le demi-sang dans l'arrondissement de Sainte-Ménehould..........	1890	132
Voir: *George aîné.*		
GEORGE *père* (Jean-François). Observations sur l'anémie et la diastashémie.	1846-47	52
— Revue de l'ouvrage de M. Delafond sur les maladies de poitrine des ruminants et principalement sur leur nature et leur étiologie.....	1847-48	36
— A propos des accidents consécutif à la castration......	1857	48, 54
GIRARD (Stéphane). Fracture du coxal chez le cheval...................	1881	11
— Mémoire sur les lymphangites. ...	—	16
Voir: *Aumignon aîné.*		
GIRAUD (Henri). Voir: *Gayot du Fresnay.*		
GLOUX *père* (Antoine-Jules). Observations sur l'emploi de la poudre de digitale.	1848-49	71
GODART (Alexandre). Lettre au sujet des courses de chevaux dans la Marne ...	1850	45
GODARD (C.) Une question d'intérêt professionnel	1856	8
GOETZ. Voir: *Loriot.*		
GUIBERD (H.-P.) Rapport sur un projet de concours pour les juments poulinières	1882	31

	Années	Pages
GUIBERT (H.-P.). Effets du nitrate de soude sur les animaux	1888	44
— Transmission du tétanos de la vache à la vache par le vétérinaire opérateur	1889	71
— Sur la pneumo-entérite infectieuse.	—	108
— Proposition de création d'un laboratoire de bactériologie à Châlons..	1889-90	123, 31
— Dégénérescense graisseuse de l'ilio-spinal chez le cheval.......... ..	1890	30
— Projets d'arrêtés pour la surveillance des foires et marchés, des abattoirs, tueries particulières et ateliers d'équarrissage.......... .	1891	84
— Rapport annuel sur le service sanitaire.............................	—	100
— Tarif des honoraires des vétérinaires sanitaires..................	1892	12
— A propos d'inoculations de tuberculine............................	—	105
— Rapport au préfet sur les épizooties dans le département de la Marne et rapport de M. le Dr Thomas au Conseil général.................	—	108 128
— Discours prononcé aux obsèques de M. Renard, président.	1893	57
— Rapport au sujet de la pétition des vétérinaires sanitaires du département (tarif des honoraires)...	—	95
— Rapport du vétérinaire délégué chef de service, pour l'année 1892....	—	133
— Mort de M. Delaval	1894	13
— Empoisonnement par un sel de strychnine (Extrait de *La Lanterne*)	—	18
Voir : *Collard.*		
GUÉNON (L.-A.) L'électricité comme moyen de contrainte dans la ferrure des chevaux difficiles.........	1887	94
GSELL (G). Etude sur le traitement des épanchements pleuraux par la thoracenthèse suivie de l'injection iodée.................	1885	49
Voir : *Renard.*		

H.

	Années	Pages
HÉDIN (Sosthène). Rapport sur la péripneumonie contagieuse	1870	24
— Son opinion sur la castration des vaches	1877	4u
HENN (Pierre). Lettre à propos de statistiques médicales	1856	118
HENRIOT (Théotime). Egagropile chez le cheval	1877	23
HUBERT (A.-L.). Observations sur une maladie particulière des jeunes agneaux	1854	73
— Sur un cas de gourme	1855	89
— Rapport sur les vétérinaires ruraux.	1862	66
— Sang de rate, causes	1867	18
— Rapport sur les moyens de s'opposer aux ravages de la péripneumonie du gros bétail	1869	33
HUGUES. Voir : *Collard*.		
HUSSON (Pierre-Emile). Parturitions. Déchirure de l'utérus, expulsion intestinale (par MM. Husson, Pilton, Remy)	1864	31
HUZARD (J -B). Voir : *Gayot du Fresnay*.		

J.

	Années	Pages
JACQUOT (Emile). Voir : *Vignon*.		

L.

	Années	Pages
L.... Cachexie	1867	22
LAFFITTE *père* (P.). Etude monographique et pratique sur l'entérite pseudo membraneuse dans l'espèce bovine	1883	73
— Sur les effets thérapeutiques du calomel	1884	34
Voir : *Renard*.		
LAQUERRIÈRE (A.). L'exercice de la pharmacie devant la Société des Agriculteurs de France	1884	38
Voir : *Renard*.		

	Années	Pages
LAUBRÉAUX (C.-N.). Rupture de l'œsophage dans la cavité thoracique (cheval).	1851	13
— Monstruosités observées sur l'espèce ovine	1852	7
LÉCUREUX. Lettre à la Société	1851	54
— Rapport sur l'état de la médecine vétérinaire et de l'agriculture dans le royaume de Belgique	—	55
LEBLANC (Arthur). Un cas de tétanos chez le cheval	1872	48
— Eventration chez un poulain	1873	47
LEFEBVRE (E.-L -M.). Rapport du délégué de la Société sur la session du Grand-Conseil, à Marseille	1889	36
LEFERT. Discours prononcé au concours de maréchalerie de Reims	1895	64
LEMAIRE. Voir : *Wibert.*		
LENOIR (L.). Analyse des bulletins des sociétés vétérinaires du Nord-Est et de l'Aube.	1889	28, 30
— Bride circulaire du vagin chez la vache	—	70
— Rapport sur la session du Grand-Conseil	—	91
— Contribution à l'étude du tétanos	1890	14
— Au sujet du projet de loi sur l'exercice de la médecine vétérinaire	—	16
— Compte rendu analytique des bulletins de la Société de médecine vétérinaire pratique	—	152
— Protestation au sujet de la préparation et de la vente des vaccins	1895	33
— Lettre à la Société. Vœux émis sur la police sanitaire	—	109
LHOTE (A.-A.). Calculs salivaires (mule)	1859	46
— Observations sur un concours de tondeuses	1872	56
LITTINGER. Lettre sur le typhus	1866	8
LORIOT (F.-A.). Cachexie.	1868	7
— Déchirure de la matrice chez la vache	1873	23
— Spontanéité des maladies contagieuses	1875	11
— Rapport sur une circulaire de M. Gœtz (création de prairies naturelles)	—	20

M.

	Années	Pages
Magne. Voir : *Aumignon jeune*.		
Magnin (L.-H.-F.). Complication de gangrène symétrique, avec glycosurie, dans un cas de rhumatisme aigu chez le chien. La gangrène dans les fièvres	1889	58
— Questions d'intérêt professionnel..	1890	21
— La production du cheval de guerre.	—	45
— Note sur la production du cheval de guerre	—	125
— Une polémique dans les journaux politiques (extrait du *Petit Comtois*).	—	155
Voir : *Brissot*.		
Maldan (Th.). Discours prononcé aux obsèques de M. Charlier	1893	70
Marchal (Émile). Boiterie insidieuse du cheval	1881	69
— Quelques notes au sujet du Grand-Conseil (session de 1890)	1890	120
— Mors électrique du capitaine de Place	1891	79
Voir : *Brissot*.		
Marcout (U.-E.-A.). Étude sur la colonie française de la Basse-Cochinchine.	1881	77
Voir : *Renard*.		
Mariot-Didieux. Mémoire sur l'industrie lucrative des poules	1846-47	72
— De l'influence qu'a exercée la médecine vétérinaire sur l'agriculture en général, l'économie rurale et l'industrie agricole en particulier.	—	102
Martin (Charles). Voir : *Renard*.		
Massenat. Erreur de lieu	1856	46
— Observations sur la gastro-entérite adynamique	1857	72
Mathis (C.). Honoraires des vétérinaires dans les faillites	1886	70
Mauclère (L.-A.). Oblitération de la portion lombaire de l'aorte, des artères iliaques fémorales, etc	1855	60
— Tétanos de castration. Ses causes et son traitement	—	67

	Années	Pages
Mauclère (L.-A.). Sur la loi concernant les vices rédhibitoires	1859	49
— Discours prononcé aux obsèques de M. Demilly, vice-président	1864	62
— Sur la guérison de la rage	1865	28
— Tournis	1866	34
— Ladrerie	1867	18
— A propos d'un traitement du typhus des bêtes à cornes	—	37
— Sur le traitement du crapaud	—	39
— Notice nécrologique sur M. Hubert	1870	20
— Péripneumonie contagieuse. Rapport à M. le Sous-Préfet de Reims.	1872	6
— Communication sur la clavelée	—	31
— Coliques. Vomissements. Guérison.	—	40
— Perforation de l'intestin par un os, chez le chien	—	42
— La fièvre typhoïde à Reims	—	54
— Sur la cocotte	—	57
— Péritonite du chien causée par un bouchon	1874	50
— Une question de responsabilité commerciale	1875	32
— Discours prononcé aux obsèques de M. Alexandre Lhote	1877	21
— Rapport sur la réunion des délégués des Sociétés vétérinaires de France	1879	14
— Une infraction au règlement sur la police sanitaire	1884	79
— Application arbitraire de la loi sur la police sanitaire (par MM. Mauclère et Aumignon)	—	86
— Sur la transmission de la péripneumonie à l'espèce humaine	1885	43
— Rapport sur un projet d'association générale de prévoyance pour les vétérinaires militaires	1889	19
— Kyste hydatique du cœur (vache)	1890	37
— Calculs vésicaux (chienne)	—	43
— Observations sur un cheval mort d'une indigestion stomacale accompagnée de régurgitations sans rupture de l'estomac, par M. F. Garreau	1891	126

	Années	Pages
MAUCLÈRE (L.-A.). Empoisonnement de bêtes à laine par le nitrate de soude...	1892	36
— Tuberculose et tuberculine........	—	50
— Discours prononcé aux obsèques de M. P. Charlier	1893	62
— Rapport sur le congrès de la tuberculose......................	—	112
— Ferrure à glace système Champiot.	1894	82
— Veau momifié....................	—	83
— Assemblée générale et banquet de la Société de Médecine Vétérinaire pratique (compte rendu)........	1895	42
— Discours prononcé au concours de maréchalerie de Reims.........	—	61
— Cas de tuberculose sur un chat ...	—	132
Voir : *Demilly*.		
MÉGNIN (Pierre). Des conditions de transmission de la gale d'une espèce animale à une autre et à l'homme ..	1876	37
Voir : *Aumignon aîné, Charpentier, Dutron.*		
MESNARD (Louis). Voir : *Vignon*.		
MOROT (Charles). Règlement d'administration publique sur l'inspection des abattoirs, des clos d'équarrissage, des vacheries, etc....	1892	19
MOUCHON. Voir : *Gayot du Fresnay*.		
MOULÉ père (Maxime-Isidore). Exposé de plusieurs cas graves d'anémie et de diastashémie	1846-47	49
— Commotion électrique chez le cheval...........................	1847-48	132
— Des habitations des animaux domestiques	1856	21
Voir : *Wibert*.		
MOULÉ (Léon). Plaie pénétrante de la face interne de la cuisse...........	1875	30
— Présentation d'un calcul rénal.....	—	32
— Un cas de jurisprudence (tic sans usure des dents)	—	52
— Des plantes vénéneuses ou suspectes du département de la Marne	1876	149
Voir : *Charpentier*.		

N

DE NANZIO. Voir : *Daray.*

P

	Années	Pages
PAULIN (J.-F.). Fœtus momifié et cas de gestation anormale	1863	23
— Indigestion avec surcharge alimentaire ; gastrotomie ; guérison	—	51
— De la castration des vaches au point de vue agricole et de la consommation	1864	16
PILTON (Jean-Nicolas). Quelques observations de tétanos	1846-47	61
— Mélanose du poids de trois kilogs trouvée sous la tunique du rein gauche	1848-49	9
— Consultation judiciaire relativement à un cheval échappé et qui a occasionné la mort d'une personne	—	65
— Exomphale. Traitement par le procédé Dayot	1850	7
— Lésion du cœur observée sur une vache	1853	24
— Arthrite aiguë sur une jeune pouliche	1854	31
— Fièvre tierce sur un cheval	1855	12
— Indigestion stomacale, vomissement, guérison	—	15
— Lettre à propos des statistiques médicales	— 1856	120
— Dilatation anormale de l'œsophage d'un cheval atteint de vomissements	1858	60
— Egagropile arrêté dans l'œsophage d'une vache	—	61
— Champignon et hernie sur un cheval	1859	48
— Au sujet d'un projet de concours de maréchalerie	1862	42
— Projet et programme d'un concours de maréchalerie	—	57

	Années	Pages
PILTON (J.-N.). Morve et fièvre typhoïde dans l'arrondissement de Reims.... .	1863	16
— Affections adynamiques mortelles..	—	69
— Part laborieux...................	1865	23
— Délivrance	—	24
— Rapport sur une tondeuse mécanique des chevaux.............	1867	24
Voir : *Husson, Wibert*.		
POLLET (J.-A.). Du danger d'enfouir des cadavres d'animaux atteints de maladies contagieuses, même après de nombreuses années....	1895	116
POMMARET. Lettre au sujet du typhus.....	1866	9
PONSART. Rapport au Conseil général sur une pétition des vétérinaires sanitaires (tarif des honoraires).	1893	98
PONT (J.-F.). Soudure naturelle de la 2ᵉ et de 3ᵉ côte gauche	1887	71
— Fracture de la 7ᵉ côte droite....... ..	—	72
— Tumeur sarcomateuse de l'entrée de la poitrine chez le cheval	1888	18
— Compte rendu analytique du bulletin de la Société des Ardennes......	1889	46
— Kyste de l'ovaire chez une jument..	—	67
— Déchirure de la rate.............	1892	40
POUILLOT *aîné* (P.-L.-A.). Sur les vivisections	1862	17
POUILLOT jeune (L.-H.). Essai d'un tube œsophagien............	1856	12
— Observations sur le traitement des hernies ombilicales............	—	67
— Rapport judiciaire constatant les empreintes laissées par les fers d'un cheval appartenant à un individu prévenu du crime d'incendiaire	1857	42
— Emploi thérapeutique de l'arsenic dans le cas de pousse et de coliques persistantes..........	1858	19
— Prolapsus utérin..............	—	19
— De la nourriture économique du cheval, par les fourrages hachés.	1859	29

R

	Années	Pages
Rancillia (A.-C.). Voir : *Charpentier*.		
Raveret (A.-E.). Observations sur un cas particulier de volvulus de l'intestin grêle ayant déterminé la mort de l'animal	1848-49	51
Regnard (C.-A.). prétendue infraction aux règlements de police sanitaire...	1879	8
— Invagination mortelle consécutive à une tumeur cancéreuse de l'intestin du cheval	1881	14
Remy (A.-F.). Présentation d'un agneau cyclope ou monopse	1855	59
— Exsudation plastique des bronches chez une génisse	1856	93
— Exsudation plastique des muqueuses chez deux génisses	1865	30
Voir : *Husson*.		
Renard (Léon-Benjamin). Note sur l'indigestion gazeuse, dans le cheval, considérée au point de vue du traitement par la ponction du cœcum	1866	17
— Rapport sur *Les Hipopus, acariens parasites*, etc. (Mémoire de M. Mégnin)	1875	22
— Rapport sur la question du transport et de l'inoculation des virus par les mouches (Mémoire de M. Mégnin)	—	28
— Sur le *cricocère*, parasite de l'asperge	1878	13
— Rapport sur le concours de 1878 :	—	34
1. Cautérisation en pointes fines et et pénétrantes (Travail de M. Aureggio)	—	34
2. Sur les boiteries de la région post-carpienne (par X.)	—	38
3. Sur la colonie française de la Basse-Cochinchine (Mémoire de M. Marcout)	—	40
4. Sur la dilatation du sabot par la ferrure (Mémoire de M. Laquerrière)	—	43

	Années	Pages
Renard (L.-B.). 5. Sur les embolies (Travail de M. Rigollat)	1878	47
— Rapport sur le concours de 1879 :.	1880	13
1. Quelques idées pratiques et nouvelles sur les hernies inguinales (Mémoire de M. Laffitte père)	—	14
2. De la gourme chez les jeunes chevaux et les jeunes chiens (Mémoire de M. Félizet Laurent)..	—	19
3. Etude pratique sur les frictions et le massage appliqués comme méthode curative (Mémoire de M. Félizet Laurent)	—	23
— Rapport sur le concours de 1883 :..	1884	8
1. Etude et expériences sur l'aphtose des bêtes bovines et ovines, et sur le choléra des volailles (Mémoire de M. Ch. Martin)	—	9
2. Etude monographique et pratique sur l'entérite pseudo-membraneuse de l'espèce bovine (Mémoire de M. Laffitte père)	—	12
3. Etude sur le traitement des épanchements pleuraux par la thoracenthèse suivie de l'injection iodée (Mémoire de M. Gsell)	—	16
4. L'élevage et les Haras (Mémoire de M. Rigollat)	—	19
— Allocution du président lors de son entrée en fonctions	1889	16
— Un mot de déontologie	—	34
— .Observations du président au sujet d'un vote	—	89
— Discours prononcé aux obsèques de M. Moulé père	1890	7
— Contribution à l'étude de l'hermaphrodisme	—	98
— Compte rendu de la session du Grand-Conseil pour 1890	—	113
— Service sanitaire. Lettre à M. le Préfet	1891	45
— Déchirure recto-vaginale pendant le part chez une jument	—	47

	Années	Pages
— Hommage à la mémoire de MM. Eugène Gayot et Antoine Richard (du Cantal)	1891	51
— Anomalie du pénis chez un agneau.	1892	34
RICHARD (Antoine), Voir : *Dupon*.		
RIGOLLAT (Jean-Louis). De la rupture spontanée de l'aorte primitive chez le cheval.	1879	31
Voir : *Renard*.		
RIS (Antoine). Sur le traitement de M. Alasaunière pour guérir le vertige abdominal	1848-49	58
ROBIN (A.). Boiterie insidieuse chez le cheval.	1881	69
ROHR (M.-M.). Vertige chez le cheval, paralysie, tumeur sur le plexus choroïde	1880	49
— Rapport sur l'abus du mot *diplôme* employé avec le titre de vétérinaire et sur l'opportunité de la suppression de ce qualificatif...	—	69
— Quelques conditions d'une bonne remonte de notre cavalerie... .	1890	101
ROSSIGNOL (J.-H.). Compte rendu de l'entrevue du bureau du Congrès sanitaire avec M. le Ministre de l'Agriculture	1887	10

T.

| THIERRY (E.-A.) Torsion de la matrice..... | 1895 | 19 |
| TRASBOT. Voir : *Aumignon aîné*. | | |

V. W. X.

VALLERAND (A.). Sur le cautère Paquelin...	1885	31
VIGNON (Albert). Rapport sur le concours de 1893 :	1894	23
— 1° Notes sur le traitement des indigestions stomacales (Mémoire de M. Caroni).................	—	23

	Années	Pages
2° Notes sur l'empoisonnement des chiens par l'injection sous-cutanée de sulfate de strychine (Mémoire de M. Caroni).............	1894	24
3° Traitement rapide et certain du mal de garrot (Mémoire de M. Em. Jacquot).	—	25
4° Deux cas d'empoisonnement produits par l'aristoloche clématite (Mémoire de M. Louis Mesnard)..	—	26
5° Contribution à l'étude clinique de la gangrène consécutive à un traumatisme chez le cheval (Mémoire de M. L. Mesnard).......	—	27
— Indigestion stomacale avec vomissement ; guérison............	—	47
— Un cas de déglutition difficile chez le cheval....	—	51
— Rapport sur le concours de 1894 : *Contribution à l'étude de la contagion de la tuberculose par le lait* (Travail de M Cozette)......	1895	81,110
VUILLECARD (J.-P.-V.). Sur la pousse au point de vue rédhibitoire.......	1858	55
— Sur les feux liquides............	1863	18
— Un cas de fausse luxation des vertèbres de l'encolure chez le cheval	—	19
— Parturitions anormales...........	—	20
WIBERT (L.-N.). Quelques observations sur l'anémie au point de vue de son étiologie..................	1847-48	136
— Propositions au sujet d'une statistique médicale vétérinaire......	1847-48	9
—	1851	41
— De la nécessité d'étudier l'influence des variations atmosphériques..	1851	43
— Parts laborieux. Torsion de l'utérus.	1853	17
— Introduction d'un corps étranger dans le rumen..................	—	34
Anomalies dentaires	1854	19
— Erreur de lieu. Pièces judiciaires..	1857	60
— Mort de trois chevaux d'une affection inconnue..................	1859	40
— Empoisonnement de vaches par le cytise et le colchique..........	—	41

		Années	Pages
—	Influence morbide des climats.....	1860	14
—	Mort prompte de deux chevaux sans causes ni lésions connues......	—	19
—	Apparition nouvelle, rareté ou fréquence de certaines affections (MM. Wibert et Pilton)...........	—	39
—	Analyse d'une brochure de M. Lemaire, sur la fièvre aphteuse...	1861	71
—	Fistule dentaire auriculaire chez le cheval (dent hétérotopique)....	1862	52
—	Productions polypeuses de la vessie chez une jument...	1866	23
—	Un cas de jurisprudence.........	—	25
—	Sur une agence hippique.........	—	67
—	Hydropéricardite chez le mouton, ses causes (MM. Wibert et Moulé).	1867	16
—	Cachexie......................	—	33
—	Rapport sur la session de la Société des Agriculteurs de France......	1869	7
—	Sur le traitement du champignon ..	1873	7,8
X ..	Les vétérinaires militaires et la loi des cadres.......................	1892	31

VI

TABLE DES MATIÈRES

DES

Bulletins de la Société Vétérinaire de la Marne,

DE 1846 A 1895 INCLUS

CLASSIFICATION DES MATIÈRES DANS LA TABLE

I. — Maladies contagieuses et infectieuses.
II. — Pathologie et chirurgie.
    a) Appareil digestif.
    b) Appareil respiratoire.
    c) Système nerveux.
    d) Appareil circulatoire.
    e) Appareil de la génération et de la dépuration urinaire.
    f) Appareil locomoteur. Région digitée.
    g) Yeux. Oreilles. Peau.
    h) Divers.
III. — Maladies parasitaires non microbiennes.
IV. — Obstétrique.
V. — Thérapeutique. Pharmacie. Toxicologie. Physique et Chimie.

VI. — Anatomie. Physiologie. Anomalies.

VII. — Zootechnie et hygiène. Agriculture et météorologie.

VIII. — Police sanitaire. Jurisprudence. Médecine légale. Inspection des viandes.

IX. — Maréchalerie.

X. — Histoire. Biographie. Statistiques. Nécrologie.

XI. — Déontologie.

XII. — Intérêts professionnels.

XIII. — Partie administrative.

    a) Correspondance diverse. Rapports avec l'administration et les autres sociétés.

    b) Distinctions honorifiques. Discours. Banquets.

    c) Règlements. Motions d'ordre. Modifications aux statuts.

    d) Concours.

I. Maladies contagieuses et infectieuses

	Années	Pages
Quelques observations de tétanos, par M. Pilton	1846-1847	61
Discussion : MM. George père, Aumignon aîné	—	24
Revue de l'ouvrage de M. Delafond sur les maladies de poitrine des ruminants et principalement sur leur nature et leur étiologie, par M. George père..	1847-1848	36
Considérations sur la péripneumonie épizootique du gros bétail, par M. Descôtes	—	122
Erratum au sujet du mémoire précédent. Lettre de M. Camerel..............	1848-1849	101
Un mot sur la maladie dite des chiens, par M. Baudesson.................	1850	23
La contracture pelvienne sur le cheval, par M. Demilly	1852	43
Paraplégie et contracture pelvienne, par M. Demilly...................	1853	60
Tétanos guéri par l'ivresse, par M. Descôtes.	1854	14
Discussion : MM. Chevillon, Descôtes	1854	13, 23
Observations sur une maladie particulière des jeunes agneaux, par M. Hubert.	1854	73
Discussion sur la contagion de la morve chronique : MM. Mauclère, Gayot, Demilly, Descôtes	—	85
Fièvre tierce sur un cheval, par M. Pilton ..	1855	12
Etiologie des engorgements gangréneux consécutifs à certaines opérations, par M. George jeune.................	—	19
Discussion : MM. Charlier, Aumignon jeune .	—	12
— Suite de la discussion sur la contagion de la morve chronique : MM. Mauclère, Aumignon jeune, Charlier, Pilton, Gayot, Descôtes. Aumignon aîné....................	—	48
— Tétanos de castration. Ses causes et son traitement, par M. Mauclère....	—	67
— Sur un cas de gourme, par M. Hubert.	—	89
Discussion : MM. Demilly, Aumignon aîné...	—	87
— Discussion sur la contagion de la morve : MM. Baudin, Aumignon aîné, Godard, Laubréaux..............	1856	11
— Péripneumonie bovine, par M. Demilly	—	95

	Années	Pages
Discussion : MM. Pouillot jeune, Gayot, Demilly, Duplaquet, Lhote, Baudin, Aumignon aîné,..................	1856	87
— Observations sur la gastro-entérite adynamique, par M. Massenat......	1857	72
— Note critique sur la contagion du farcin du cheval à l'homme, par M. Gayot du Fresnay...........	1858	21
— Notes sur quelques cas de rage observés sur deux chiens de berger et sur quelques animaux de l'espèce bovine, par M. Aumignon aîné.....	—	42
— Mort de trois chevaux d'une affection inconnue, par M. Wibert...·.......	1859	40
— Sur la diathèse et les affections typhoïdes, par M. Descôtes..........	—	66
— Discussion sur le sang de rate et la fièvre charbonneuse : MM Pouillot, jeune, George, Remy, Aumignon, aîné, Fayot, Pouillot aîné, Descôtes, Wibert.....................	1860	8, 13
— Dangers qu'offrent les affections charbonneuses, par Aumignon aîné....	—	28
Discussion : MM. Wibert, Aumignon aîné, Gayot, Pouillot aîné, Baudin	—	31
— Moyens de préserver les bestiaux du typhus (Extrait de la *Revue de thérapeutique médico-chirurgicale*). Communication de M. Descôtes	1861	18
— Analyse, par M. Wibert, de la notice de M. Lemaire sur la cocotte......	—	71
— Tétanos observé sur un étalon d'espèce asine, par M. Descôtes.......... ..	—	83
— Discussion sur la morve: MM. Saucour, Baudin, Bergeaud................	1863	10
— Discussion sur une maladie épizootique qui frappe les chevaux d'Amérique : MM. Gayot, Saucour, Aumignon, Husson, Baudin......	—	12
— Morve et fièvre typhoïde dans l'arrondissement de Reims, par M. Pilton.	—	16
— De la morve, traitement par l'iodure de soufre, par l'arsenic et la noix vomique, par M. George jeune.....	—	24
— Claudication et cocotte sur les bêtes à		

	Années	Pages
laine (Discussion). MM. George aîné, Aumignon aîné	1863	56
— Maladie épizootique des poules. (MM. George frères, Aumignon aîné, Thurel)	—	59
— Mort de trois chevaux et d'un âne d'une affection encore peu connue, par M. Gayot du Fresnay	—	64
Discussion : MM. Aumignon aîné, Gayot, Wibert	—	66
— Affections adynamiques mortelles par M. Pilton......................	—	69
Discussion : MM. Hédin, Husson, Pilton.....	—	70
— Inoculation du typhus contagieux des bêtes à cornes (analyse), par M. Gayot du Fresnay............	1864	17
— Sur la rage et son traitement, par M. Gayot du Fresnay...........	—	50
Discussion : MM. Wibert, Hubert, Pilton, Gayot, Aumignon aîné	—	52
— Discussion sur l'angine épizootique du cheval : MM. Remy, Aumignon	—	66
— Discussion sur le choléra des poules : MM. Aubry, Aumignon, Mauclère, Remy, Hédin	—	68
— Péripneumonie bovine (analyse), par M. Gayot du Fresnay............	1865	20
— Un cas de guérison de la rage (analyse), par M. Gayot du Fresnay....	—	21
— Suite de la discussion sur le choléra des poules : MM. Wibert, Boulard, Mauclère, Pilton, Renard, Remy, Bergeaud, George	—	25, 29, 33
— Suite de la discussion sur l'angine épizootique du cheval : M. Remy.....	—	30
— Suite de la discussion sur la rage : M. Mauclère	—	28
— Discussion sur le typhus contagieux des bêtes à cornes ; MM. Husson, Wibert, George aîné, George jeune, Gayot, Aumignon aîné, Mauclère. .	—	34
— Discussion sur le charbon et sa prophylaxie : MM. Hubert, Pilton, George aîné, Baudin, Mauclère, Gayot, George jeune, Aumignon aîné, Bernard, Remy, Wibert......................	1866	28, 56, 62

	Années	Pages
— Pustule maligne des accoucheurs, par M. Bergeaud	1866	48
Discussion : M. Aumignon aîné	—	49
— Suite de la discussion sur le sang de rate : MM. Mauclère, Wibert	1867	15
— Sang de rate, causes, par M. Hubert	—	18
Discussion : MM. Mauclère, Wibert	—	20
— Discussion sur les causes de la péripneumonie : MM. Baudin, Aumignon, George	1868	12
— Rapport à M. le préfet sur la maladie charbonneuse ou choléra des poules, par M. Aumignon aîné	—	19
— Typhus. *Discussion* : MM. Baudin, George jeune, Aumignon	1871	8, 17
— Communication sur la clavelée, par M. Mauclère	1872	31
Discussion : MM. Dutron, Renard, Remy, Aumignon, Wibert, George, Lhote, Mauclère, Loriot, Leblanc	—	35, 45
— Un cas de tétanos, par A. Leblanc	—	48
Discussion : MM. Wibert, Aumignon, Mauclère, A. Leblanc	—	49
— Epizootie de fièvre typhoïde à Reims, par M. Mauclère	—	54
Discussion : MM. Aumignon, Wibert, Lhote	—	55
— Sur la cocotte, par M. Mauclère	—	57
Discussion : MM. Wibert, Aumignon, Lhote	—	59
— Rapport à M. le préfet sur le typhus contagieux des bêtes à cornes en 1870, 1871, 1872, par M. Aumignon aîné	—	61
— Discussion sur l'étiologie du champignon de castration et sur son traitement : MM. Wibert, Aumignon, George, Leblanc	1873	7
— Discussion sur la péripneumonie : MM. Collard, Mauclère, Lhote, Aumignon	1874	19
— Discussion sur la morve : MM. Mauclère, Mégnin, Collard, Prince, Aumignon	—	20, 50
— Discussion sur la spontanéité et la virulence des maladies contagieuses : MM. Aumignon, Collard, Mauclère, Husson, Lhote, Marcout	—	45

	Années	Pages
— Suite de la discussion sur la spontanéité des maladies contagieuses : M. Loriot	1875	11
— Rapport de M. Renard sur un travail de M. Mégnin, intitulé : Mémoire sur la question du transport et de l'inoculation des virus par les mouches	—	28
— Rapport de M. Dutron sur un mémoire de M. Mégnin, intitulé : *L'affection typhoïde du cheval*. Observations du rapporteur sur le même sujet.	—	44, 49
— Un cas de morve spontanée, par M. Charpentier	—	51
— Discussion sur la cocotte : MM. Collard, Dutron		52
— Épizootie charbonneuse, par M. Charpentier	1876	6
Discussion : M. Aumignon	—	8
— Angine épizootique sur des chevaux de troupe, par M. Aureggio.	—	30
— Quelques cas de morve, par M. Aureggio	—	31
Discussion : MM. Moreau, Pernet, Mauclère	—	31, 52
— Rapport de M. Collard à M. le sous-préfet de Vitry-le-François, au sujet d'un questionnaire sur la contagion de la fièvre aphteuse à l'homme	—	33
- Deux cas de morve aiguë spontanée, par M. Capitant	—	60
Discussion : MM. Mauclère, Capitant	—	63
— Des conditions de transmission de la gale d'une espèce animale à une autre et à l'homme, par M. Mégnin.	—	67
— Notes sur les causes de la morve et de la fluxion périodique, par M. Aureggio	1877	42
Discussion : M. Mauclère	—	43
— Tumeur charbonneuse chez un cheval, suivie de mort, avec des circonstances et des caractères insidieux, par M. Aumignon	—	50
— Rapport de M. Collard sur un mémoire de M. Aureggio concernant une épidémie d'angines et de morve	1878	14
Discussion : MM. Callot, Vallerand	—	24

	Années	Pages
— Rapport de M. Collard sur un nouveau mémoire de M. Aureggio (morve) ..	1878	29
Discussion : M. Mauclère................	—	32
— Analyse par M. Collard de deux mémoires de M. Hugues sur la morve.	1879	55
— Observation sur les lymphangites, par M. Girard.....................	1881	16
— Note de M. Dupon en réponse à une communication de M. Girard sur une épizootie de lymphangite..........	—	41
Discussion : MM. Guibert, Rohr...........	—	45
— Rapport sur la paralysie enzootique du cheval, par M. André (Urbain). Analyse de M. Dupon............	—	60
— Discussion sur la fièvre typhoïde : MM. Aumignon, Mauclère, Renard, Guibert, Vallerand, Mathis, Dupon, Collard.....................	—	63
— Inoculations charbonneuses. par M. Champagne....................	1882	20
Discussion : MM. Mauclère, Saussier........	—	27,29
— Fumiers et contagions, par M. Collard. (analyse).....................	1883	71
— Etude et expériences sur l'aphtose des bêtes bovines et ovines, et sur le choléra des volailles. (Mémoire de M. Ch. Martin). Rapport de M. Renard.....................	1884	9
— Des affections morvo-farcineuses au point de vue de la pathologie du cheval de troupe...............	—	105
— Péripneumonie contagieuse.........	— 1885	7
— Transmission de la péripneumonie à l'espèce humaine, par M. Mauclère.	—	43
Discussion : M. Laquerrière..............	—	44
— Causes et nature de certaines paraplégies chez le cheval, par M. Collard.	—	44
Discussion M. Mauclère................	—	48
— Conférence de M. Brissot sur la tuberculose............	—	97
— Péripneumonie contagieuse. Séquestre pulmonaire.....................	1886	12
— Tuberculose des cavités nasales chez une génisse, par M. Brissot.	—	22
Discussion : M. Aumignon...............	—	23

	Années	Pages
— De l'avortement épizootique des vaches. (Conférence de M. Brissot)..	1887	17
— Bronchite diphtéritique chez une vache, par M. Brissot....	1888	41
Discussion : M. Guibert	—	44
— Symptômes rabiques chez un chien. Note pour servir à se mettre en garde contre une erreur de diagnostic, par M. Brissot...............	1889	54
— Complication de gangrène symétrique accompagnée de glycosurie dans un cas de rhumatisme aigu chez le chien. Quelques mots sur la gangrène dans les fièvres, par M. L. Magnin..........................	—	58
— Transmission du tétanos de la vache à la vache, par l'intermédiaire du vétérinaire opérateur, par M. Guibert.........................	—	71
— Sur la pneumo-entérite infectieuse, par M. Guibert...................	—	108
Discussion : M. Aumignon.................	—	112
— L'avortement épizootique des brebis, par M. Brissot.	—	156
— Contribution à l'étude du tétanos, par M. Lenoir	1890	14
Discussion : M. Cailleur...................	—	16
— Rapport de M. Brissot sur un mémoire de M. Faulon traitant des lymphangites et abcès gourmeux.	1891	28
— Rapport de M. Brissot sur *La phlébite ombilicale au point de vue de la médecine préventive et de l'hygiène publique*. (Travail de M. Faulon) ...	—	28
— Tuberculose et tuberculine, par M. Mauclère..............................	1892	50
Discussion : MM. Guibert, Humbert, Mauclère	—	51
— Anasarque avec complication de gangrène scrotale chez un chien, par M. Brissot...	1893	85
— Endocardite chez un cheval se rattachant à la diathèse rhumatismale. Mort, par M. François L	—	100
Discussion : MM. Doyen, Guibert, Blot, Cailleur, François, Mauclère	—	105

	Années	Pages
— Rapport de M. Mauclère sur le congrès de la tuberculose	1893	112
— Rapport de M. Vignon, de Vitry, sur un mémoire de M. L. Mesnard ayant pour titre : *Contribution à l'étude clinique de la gangrène consécutive à un traumatisme chez le cheval*...	1894	27
— Epizootie de tuberculose du mouton, par M. Baudier. *Discussion :* M. Brissot	—	57
— Discussion sur la période d'incubation de la fièvre aphteuse : MM. Collard, Mauclère, Baudier	—	61
— Tuberculose généralisée chez un porc, par M. Collard	—	79
Discussion : M. Brissot	—	81
— Compte rendu par M. Collard d'une conférence de M. Nocard sur la tuberculinisation (Troyes, 6 avril 1895)...	1895	49
— Méningite tuberculeuse chez une vache, par M. Collard	—	53
— Rapport de M. Vignon, de Vitry, sur un mémoire de M. Cozette, intitulé : *Contribution à l'étude de la contagion de la tuberculose par le lait*...	—	81, 110
— Cas de tuberculose observée sur un chat, par M. Mauclère	—	132

II. Pathologie et Chirurgie.

(a) Appareil digestif.

— Plaie ombilico-intestinale, évacuation de matières alvines pendant deux mois ; — guérison, par M. Aumignon, aîné	1846-47	69
Discussion : M. Mariot-Didieux	—	25
— Observations de gastrite aiguë suivie de vomissements, avec dégénérescence squirreuse de la caillette et du pylore chez les grands ruminants, par M. George jeune...	1848-49	15
— Déchirure du rumen à la suite d'un coup de corne porté entre les deux côtes asternales. Gangrène des par-		

	Années	Pages
ties environnantes. Ecoulement de matières alimentaires pendant trois semaines par l'orifice résultant de cette blessure. Guérison, par M. George aîné	1848-49	35
— Observation sur un cas particulier de volvulus de l'intestin grêle ayant déterminé la mort de l'animal, par M. Raveret.	—	51
— Discussion sur le traitement des hernies ombilicales par le procédé Dayot : MM. Baudesson, Aumignon jeune, George jeune, George père, Descôtes, Aumignon aîné, Faure. . .	—	77
— Exomphale Traitement par le procédé Dayot, par M. Pilton.	1850	7
— Deux cas d'exomphale. Guérison par l'acide nitrique, par M Baudesson. .	—	8
— Rupture de l'œsophage dans la cavité thoracique, par M. Laubréaux.	1851	13
Discussion : M. Aumignon jeune.	—	11
— Coliques causées par un lipôme enkisté dans un repli de méso-rectum. et adhérent tellement par de fausses membranes à cette région de l'intestin qu'il a amené par sa compression une oblitération complète, un arrêt de la défécation, et enfin la mort, par M George aîné.	—	25
— Tube œsophagien. *Discussion:* MM. Aumignon aîné, Aumignon jeune, Pouillot jeune, Wibert, Baudesson, Gayot, George aîné	1852	148
— Dilatation de l'œsophage, par M. George aîné	1853	21
Discussion : MM. Chevillon, George.	—	22
— Introduction d'un corps étranger dans le rumen, par M. Wibert.	—	34
Discussion : MM. George père, Descôtes, Aumignon aîné, Charlier, ...	—	35, 47
— A propos d'un tube œsophagien.	1854	24
— Discussion sur les dilatations de l'œsophage : MM. George aîné, Chevillon	—	19
— Coliques causées par l'émeri, par M. Descôtes.	—	27. 28

	Années	Page
— Dilatation de l'œsophage d'un cheval. par M. Aumignon aîné	1854	80
— Indigestion stomacale. Vomissement Guérison, par M. Pilton	1855	15
Discussion: MM. George jeune, Aumignon aîné, Aumignon jeune, Pouillot aîné, Baudesson, Pilton, Pouillot jeune	—	11
— Essai d'un tube œsophagien, par M. Pouillot jeune.	1856	12
Discussion : M. Aumignon jeune.	—	13
— Observations sur le traitement des hernies ombilicales, par M. Pouillot jeune.	-	67
Discussion : MM. Gayot, George père, Aumignon jeune, Thiérion, Vincent (de Revigny), Pouillot aîné, Renard, Massenat, Pilton, Descôtes, George jeune, George aîné, Wibert, Manclère	—	58
— Observation sur un cas de déchirure de l'œsophage, par M. Duplaquet. . .	—	78
— Observations sur certaines tumeurs abdominales, par M. Baudin	—	103
Discussion : MM. Pouillot jeune, Aumignon aîné, Gayot, Duplaquet, Baudin, Remy	—	91
— Discussion sur la ponction du cœcum : MM. Gayot, Demilly, Pilton, Wibert, Aumignon jeune, Godard. Aumignon aîné, Manclère.	1858	39
— Dilatation de l'œsophage d'un cheval atteint de vomissements périodiques depuis douze ans, par M. Pilton	—	60
— Egagropile arrêté dans l'œsophage d'une vache, par M. Pilton	—	61
Discussion : MM. Moithy, Aumignon aîné, Pouillot jeune.	—	61
— Calculs salivaires, par M. Lhote	1859	46
— Ingestion d'un corps étranger. Abcès consécutif de la côte droite, par M. Baudin.	1861	86
— Observation sur une hernie ventrale avec étranglement et entérorragie, opération, guérison, par M. George jeune.	1862	86
— Ténesme dans l'espèce bovine, par M. Bergeaud.	1863	21

	Années	Pages
Discussion : M. Pilton	1863	22
— Indigestion avec surcharge alimentaire, gastrotomie, guérison, par M. F. Paulin	—	51
Discussion : M. Aumignon aîné	—	56
— Déchirure du diaphragme chez le cheval. *Discussion:* MM. Baudin, Gayot, Renard, George aîné, Aumignon	—	57
— Note sur l'indigestion gazeuse dans le cheval, considérée au point de vue du traitement par la ponction du cœcum, par M. Renard	1866	17
Discussion · MM. Baudin, Aumignon, Wibert, Gayot, Pilton	—	22
— Hernie de la pointe du cœcum par l'arcade crurale, par M. George jeune	—	35
— Coliques chez le cheval, compliquées de vomissements, guérison, par M. Mauclère	1872	40
Discussion : MM. Wibert, Dutron, Aumignon	—	41
— Perforation de l'intestin par un os, chez le chien, par M. Mauclère	—	42
— Jabot œsophagien, vomissements répétés pendant deux ans, par M Aumignon	—	42
Discussion : M. Wibert	—	42
— Coliques. Rupture d'un jabot, par M. George jeune. *Discussion:* M. Dutron	1873	30
— Obstruction intestinale causée par un lipôme (cheval), par M. Aumignon	—	42
Discussion : MM. Lhote, Bernard	—	43
— Eventration, par M. A. Leblanc	1873	47
Discussion : MM. Mauclère, Remy, Lhote, Leblanc	—	48
— Examen microscopique de la tumeur précédente, par M. Mégnin	1874	16
Discussion : M. Mauclère	—	17
— Coliques chez le cheval, tumeur mélanique de 50 kilogs, par M. Collard	—	24
Discussion : MM. Leblanc, Aumignon	—	24
— Egagropile chez les volailles, par M. Aumignon	—	50
— Péritonite du chien causée par un bouchon dans l'intestin, par M. Mauclère	—	50

	Années	Pages
— Bézoard volumineux, par M. Charpentier...........................	1875	51
— Examen microscopique du calcul précédent, par M. Aumignon..........	1876	
— Abcès des côtes chez une vache, consécutif à l'ingestion d'une aiguille à tricoter, par M. Charpentier. *Discussion :* MM. Renard, Mauclère.......	—	24
— Tumeur polypeuse du rumen, de 12 kilos 500, par M. Aumignon........	—	26
— Egagropile chez le cheval, par M. Henriot............................	1877	23
— Hépatite enzootique observée sur les bovins de l'Uruguay, par M. Collot..	—	24
Discussion : MM. Hédin, Renard.............	—	37
— Gastrotomie, par M. Aumignon	—	38
Discussion : MM. Renard, Aumignon, Moulé, Hédin................................	—	39
— Cirrhose du foie et hypertrophie de la rate chez le porc, par M. Aumignon	1881	9
Discussion : M. Dupon.....................	—	10
— Lettres de MM. Trasbot et Girard au sujet de l'observation précédente ..	—	31
— Obstruction intestinale consécutive à une tumeur cancéreuse, chez le cheval, par M. Regnard	—	14
— Etude monographique et pratique sur l'entérite pseudo-membraneuse dans l'espèce bovine, par M. Laffitte, père	1883	73
— Rapport sur *l'entérite pseudo-membraneuse dans l'espèce bovine.* (Mémoire de M. Laffitte père), par M. Renard..	1884	12
— Au sujet des doses de calomel dans l'entérite pseudo-membraneuse, par M. Laffitte......................	—	34
— Tumeur excrémentitielle extra-rectale, par M. Brissot.....	1887	57
Discussion : MM. Thary, Aumignon. Brissot .	—	58
— Fistule salivaire du canal de Wharton (chien), par M. Brissot.	—	59
Discussion : MM. Thary, Brissot.............	—	60
— Vomissement chez une vache, par M. Brissot......................	—	61
Discussion : M. Limbaret.......	—	63

	Années	Pages
— Déchirure de l'œsophage dans sa portion pectorale, chez le cheval, par M. Brissot	1888	29
— Hernie pelvienne. Constipation. Position anormale du sujet malade. Valeur diagnostique de ce symptôme, par M. Brissot	1889	56
— De la préhension des liquides, leur rejet par les cavités nasales et météorisation, chez une génisse, par M. Brissot	—	117
— Jabot œsophagien et vomissements, chez un poulain, par M. Brissot	—	120
— Egagropiles chez un veau, par M. Collard	1890	35
— Observation sur un cheval mort d'une indigestion stomacale, accompagnée de régurgitations sans rupture de l'estomac, par M. Garreau. (Communication de M. Mauclère)	1891	126
— De la ponction de l'intestin, par M. Brissot	—	131
— Un peu de pathologie bovine, par M. Brissot	1893	36
— Traitement des coliques chez le cheval, par M. Eugène Bass. (Communication de M. Collard). *Discussion :* MM. Collard, Mauclère	1894	21
— Rapport de M. Vignon à propos d'un mémoire intitulé : *Notes sur le traitement des indigestions stomacales.* (Mémoire de M. Caroni)	—	23
— Indigestion stomacale avec vomissements, et suivie de guérison, par M. Vignon	—	47
Discussion : MM. Mauclère, Brissot	—	50
— Protestation au sujet d'un cas de jabot œsophagien, par M. Brissot	—	50
— Un cas de déglutition difficile chez le cheval, par M. Vignon	—	51
— Tumeur fibreuse péri-œsophagienne chez le cheval, par M. Baudier	—	53
— Fistule intestinale chez le cheval, par M. Baudier	—	54
— Jabot rectal chez le cheval, par M. Baudier	—	56

	Années	Pages
— Abcès et inflammation chronique du lobe moyen du poumon droit, adhéreuse de celui-ci à la paroi costale et au diaphragme, coïncidant avec la présence d'un corps étranger au niveau du réseau, par M. Brissot...	1895	85

(b) Appareil respiratoire.

	Années	Pages
— Exudation plastiques des bronches, chez une génisse, par M. Remy....	1856	93
— Angine de poitrine, par M. Descôtes..	1861	62
— Exudation plastique des bronches, chez une génisse, par M. Remy....	1865	30
Discussion : M. Aumignon.................	—	31
— Cornage chez un poulain de deux ans, par M. George jeune............	1873	17
— Obstruction des bronches, par M. Aumignon.................	1874	38
Discussion : M. Collard....	—	38
— Tumeur squirreuse du poumon, chez le bœuf, par M. Dutron......	1875	32
— Rapport de M. Renard sur le traitement des épanchements pleuraux par la thoracentèse suivie de l'injection iodée. (Mémoire de M. Gsell)	1884	16
— Etude sur le traitement des épanchements pleuraux par la thoracentèse suivie de l'injection iodée, par M. Gsell.................	1885	49
— Pleurésie porcine, par M Collard.....	1887	72
Discussion : M. Guibert	—	74
— Affection pulmonaire observée sur plusieurs bovins de la même étable, par M. Brissot.................	1891	75
— Pleurésie unilatérale chez le cheval, par MM. François et Drouet........	1894	71
— Abcès et inflammation chronique du lobe moyen du poumon droit, adhérence de celui-ci à la paroi costale et au diaphragme, coïncidant avec la présence d'un corps étranger au niveau du réseau, par M. Brissot...	1895	85
— Pleuro-péricardite traumatique, par M. Brissot.................	—	89

(c) Système nerveux.

	Années	Pages
— Fureur utérine chez les vaches. Guérison par un traitement manuel (Communication de M. Descôtes, extraite de la *Revue de Thérapeutique*)	1861	19
Discussion : MM. Pouillot jeune, Descôtes, Boulard, Gayot	—	20
— Discussion sur les plaies du cerveau : MM. Gayot, Baudin, Aumignon aîné, Demilly	1862	99
— Cornage chez un poulain de deux ans, par M. George jeune	1873	17
— Vertige chez le cheval. Paralysie. Tumeur des plexus choroïdes, par M. Rohr	1880	49
— Maladie du cervelet (cheval), par M. Brissot	1886	80
— Commotion cérébrale chez un chien, par M. Brissot	1890	144

(d) Appareil circulatoire.

	Années	Pages
— Exposé de plusieurs cas graves d'anémie et de diastashémie, par M. Moulé père	1846-47	49
— Observations sur l'anémie et la diasthashémie, par M. George père	—	52
— Quelques observations sur l'anémie au point de vue de son étiologie, par M. Wibert	1847-48	136
— Blessures de la carotide, par M. Descôtes	—	147
— Notes sur une altération du sang, compliquée de lésions particulières du tube gastro-intestinal, remarquée sur les chevaux du 4e régiment de chasseurs d'Afrique et sur l'espèce asine, par M. A. Berthe	1852	17
— Lésion du cœur observée sur une vache, par M. Pilton	1853	24
Discussion : MM. Demilly, Pilton, Chevillon, Faure, Aumignon aîné	—	25

	Années	Pages
— Tumeur anévrismale de l'artère cœliaque, communiquant avec le gros côlon, par M. Aumignon aîné......	1854	79
— Oblitération de la portion lombaire de l'aorte, des artères iliaques, fémorales, tibiales, plantaires, et de leurs subdivisions, par M. Mauclère....	1855	60
— Hydropéricardite chez le mouton, ses causes, par MM. Wibert et Moulé...	1867	16
— Coliques suivies de mort Thrombose de la veine cave antérieure, par M. George jeune..	1873	26
Discussion : MM. Mauclère, Aumignon, Aureggio......................	—	29
— Rupture de l'oreillette droite chez un cheval, par M. Aumignon aîné. ...	1875	13
Discussion : M. Collard	—	13
— Rapport de M. Renard sur *Les embolies* (Mémoire de M. Rigollat)......	1878	47
— De la rupture spontanée de l'aorte primitive chez le cheval, par M. Rigollat........................	1879	31
Discussion : MM. Aumignon, Aurregio......	—	49
— Etat cartilagineux de l'oreillette droite, par M. Hugues. Analyse de M. Collard...	—	54
— Dégénérescence graisseuse du cœur, par M. Hugues. Analyse de M. Collard......................	—	57
— Citation d'un cas curieux de boiterie causée par une embolie, par M. Dupon...............	1882	14
— Péricardite traumatique avec pleurésie à droite (vache), par M. Brissot....	1885	17
— Endocardite aiguë chez une vache, par M. Brissot	1895	90

(*e*) Appareil de la génération et de la dépuration urinaire.

| — Mélanose du poids de trois kilogrammes trouvée sous la tunique du rein gauche, accidents consécutifs, par M. Pilton...................... | 1848-49 | 9 |

	Années	Pages
— Castration de la vache. *Discussion* : MM. Charlier, Pilton, Ris	1848-49	28
— Renversement du vagin. *Discussion* : MM. Demilly, George jeune, Aumignon jeune, Henriet, Charlier	—	33
— De la castration des vaches par le vagin, par M. Charlier	1850	33
— Castration des vaches par le vagin. (M. Charlier)................	1851	45
— Hydrocèle double chronique chez un cheval, compliquée de gangrène partielle du scrotum, de la gaine vaginale et d'altération du sang. Castration, extraction des parties mortes. Cautérisation. Guérison, par M. George aîné	1852	137
— Castration de la vache (M. Charlier). *Discussion* : MM. Demilly, Charlier.	1853	49
— Castration des juments (M. Charlier). *Discussion* : MM. Aumignon jeune, Pouillot jeune	—	58
— Castration de la vache (M. Charlier) ..	1854	6
— Castration des vaches (MM. Charlier et Aumignon aîné)...............	—	71
— Castration des vaches et des juments, par M. Charlier. *Discussion* : MM. Pilton, Charlier...............	—	78
— Vingt-cinq pelotes pileuses trouvées dans la matrice d'une vache, par M. Aumignon aîné............ .	—	80
— Nouvelle pince pour la castration des vaches, par M. Charlier..........	1855	10
— Sur les accidents de la castration, par M. George père................	1857	48, 54
— Champignon et hernie sur un cheval, par M. Pilton	1859	48
— Fureur utérine chez les vaches. Guérison par un traitement manuel, par M. Descôtes. (Extrait de la *Revue de Thérapeutique*)................	1861	19
Discussion : MM. Pouillot jeune, Descôtes, Boulard, Gayot...............	—	20
— De la castration des vaches au point vue de l'économie agricole et de la consommation, par M. Paulin (résumé)	1864	16

	Années	Pages
Discussion : M. Gayot	1864	17
— Productions polypeuses de la vessie chez une jument, par M. Wibert	1866	23
— Rétention d'urine chez une jument, tube à demeure dans le méat urinaire, par M. Aumignon	—	24
— Discussion sur la castration et le champignon : MM. A. Leblanc, Aumignon, Wibert, Lhote	1872	50
— Obstruction de l'urèthre chez un cheval, par M. George jeune	1873	13
— Métrite chronique. Gestation simulée, par M. George jeune	—	31
Discussion : MM. Dutron, Mauclère, Godon, Aumignon	—	31
— Discussion sur la castration par torsion et compression : MM. Daray, Mauclère, Bonnet, Collard, Loriot, Aumignon	1874	25
— Calcul rénal (cheval), par M. Aumignon (Voir aussi 1875, page 12)	—	49
— Calcul de l'ovaire chez une poule, par M. Collard	—	50
— Calcul rénal, par M. L. Moulé	1875	32
— Opinion de M. Hédin sur la castration des vaches	1877	40
— Castration d'un cheval cryptorchide, par M. Gailleur	1883	33
— Kyste de l'ovaire chez une jument, par M. Pont	1889	67
— Métrorragie chez une vêle de deux mois, par M. Brissot	—	122
— Calculs vésicaux (chienne), par M. Mauclère	1890	43
— Kyste utéro-vaginal chez une vache, par M. Brissot	—	108
(f) Appareil locomoteur. Région digitée.		
— Des injections iodées, par M. George jeune	1851	33
Discussion : MM. Berthe, Demilly, George père, Baudesson	—	30
— Fracture de la colonne vertébrale avec lésions de la moelle épinière, par M. Baudesson	1853	27

	Années	Pages
Discussion : MM. Chevillon, Demilly........	1853	28
— Arthrite aiguë sur une jeune pouliche, par M. Pilton ....,..	1854	31
Discussion : MM. Descôtes et Baudesson . . .	—	31
— Exostose remarquable intéressant les phalanges d'un cheval, par M. Aumignon aîné......................	1857	23
— Arthrite chronique fémoro-tibiale chez l'espèce bovine, par M. Aumignon aîné	—	24
— Végétations osseuses de six vertèbres dorsales (jument), par M. Aumignon aîné	—	25
— Discussion sur une maladie des os encore peu connue et qui atteint l'espèce bovine (ossifragie) : MM. Hubert, Pouillot jeune, Aumignon aîné, Gayot, Baudin, Mauclère, Wibert, Pilton, Moithy..................	1859	37, 43, 47
— Observation sur la luxation des vertèbres de l'encolure, par M. Vuillecard	1863	19
— Notice nécrologique sur un cheval atteint d'une fracture de la symphyse ischio-pubienne, par M. George jeune	1866	42
— Sur le traitement du crapaud, par M. Mauclère	1867	39
Discussion : MM. Dutron, Wibert...........	—	39
— Discussion sur l'ostéomalacie ou ossifragie épizootique des bovins......	1871	11
— La glycérine contre les caries osseuses, par M. Aureggio......	1874	33
Discussion : MM. Mauclère, Remy, Collard...	—	37
— Arthrite rhumatismale ambulante, par M. Callot. *Discussion* : M. Aumignon	—	50
— Plaie pénétrante de la face interne de la cuisse, par M. L. Moulé.........	1875	30
Discussion : MM. Mauclère, Aumignon, Renard, Dutron, Charpentier........	—	31
— Rapport de M. Charpentier sur *L'atrophie du coussinet plantaire, ses causes, son traitement.* (Mémoire de M. Chénier)..................	1876	56
— De l'atrophie du coussinet plantaire, de ses causes, de ses conséquences		

	Années	Pages
et de son traitement, par M. Chénier	1876	95
— Rapport de M. Renard sur la *Cautérisation en pointes fines et pénétrantes et la cautérisation à aiguille, ou acupuncture ignée.* (Mémoire de M. Aureggio	1878	34
— Rapport de M. Renard sur les *Boiteries de la région post-carpienne.* (Mémoire de M. X.)	—	38
— Rapport de M. Renard sur la *Dilatation du sabot du cheval par la ferrure.* (Mémoire de M. Laquerrière).	—	43
— Boiteries chroniques du cheval traitées par la névrotomie, par MM. Hugues et Hardy. (Analyse de M. Collard)	1879	58
— Notice sur le crapaud, par M. Hugues. (Analyse de M. Collard)	—	60
— *Discussion :* MM. Mauclère, Aumignon, Vallerand	—	63
— Fracture du coxal, par M. Girard	1881	11
— Boiteries insidieuses chez le cheval (deux cas), par MM. Marchal et Robin	—	69
— Présentation de deux machoires inférieures de cheval, portant chacune une tumeur osseuse	1882	15
— Fracture de la septième côte droite chez le cheval, par M. Pont	1887	72
— Dégénérescence graisseuse de l'iliospinal (cheval), par M. Guibert	1890	30
— Déviation de l'encolure chez une vache, par M. Brissot	—	149
— Arthrite traumatique temporo-maxillaire chez un cheval, guérison, par M. Brissot	1891	14
— Hydropisie synoviale tendineuse de la pointe de l'épaule chez un cheval, par M. Brissot	1893	16
— La cachexie ossifrage dans l'arrondissement de Vitry-le-François, par M. Collard	—	41
— Synovite traumatique de la petite gaine sésamoïdienne chez un cheval. Avantages d'une rigoureuse antisepsie, par M. Brissot	—	89

	Années	Pages
— Cachexie ossifrage. Note de M. Eugène Bass. (Communication de M. Collard)	1894	18
Discussion : M. Doyen	—	20
— Rapport de M. Vignon sur le *Traitement rapide et certain du mal de garrot* (Mémoire de M. Jacquot) ...	—	25
— Déformation de la région sterno-costale en arrière du coude droit, occasionnée par un abcès sous-pleural d'origine traumatique, par M. Brissol	1895	94

(*g*) Yeux. Oreilles. Peau.

— Instruments proposés par M. Dupont, vétérinaire à Tournay, pour supprimer les cornes des jeunes veaux. (Présentés par M. Charlier)	1854	21
— Nouvelles considérations sur la fluxion périodique des yeux, sur ses causes réelles et sur le traitement rationnel le plus sûrement curatif qui lui est applicable, par M. Demilly	1861	27
Discussion : MM. Pouillot jeune, Demilly, Descôtes, Aumignon aîné, George, Aumignon jeune, Hubert, Baudin...	—	61
— Note anecdotique sur un cheval portant lunettes, extraite du *Courrier des Etats-Unis*, par M. Gayot.......	1865	22
— Fongus de l'œil chez une vache, traitement, par M. George jeune.......	1873	30
— Acné sébacée chez le cheval, par M. Aureggio.	1874	12
Discussion : MM. Mégnin, Lhote...........	—	16
— Eczéma des accoucheurs (MM. Daray, Dutron).............................	—	28
— Notes sur les causes de la fluxion périodique et de la morve, par M. Aureggio	1877	42

(*h*) Divers.

| — Commotion électrique chez le cheval, par M. Moulé père................. | 1847-48 | 132 |

	Années	Pages
— Présentation d'une collection de pièces pathologiques, par M. Gayot du Fresnay. (Spina-ventosa ancien, diverses exostoses, bézoard, égagropile)	1859	64
Discussion : MM. Descôtes, Husson	—	65
— Mort prompte de deux chevaux sans causes ni lésions connues, par M. Wibert. *Discussion* : MM. Pouillot aîné, Pilton, Aumignon, Guillemot, Descôtes, Knoll	1860	19, 21
— Apparition nouvelle, rareté ou fréquence de certaines affections, par MM. Wibert et Pilton	—	39
— Lésions organiques chroniques diverses, coïncidant avec un état apparent de santé. *Discussion* : MM. Gayot, Saucour, Demilly, Baudin, Wibert	1862	101
— Mélanose chez le cheval. *Discussion* : MM. Amignon aîné, Gayot, Bergeaud, Paulin	1868	22
— Exposé des maladies régnantes (avortement, pousse, immobilité, mal de taupe, cornage, fièvre typhoïde, boutons hémorragiques)	1873	33
— Tumeur polypeuse de l'ethmoïde (cheval), par M. Bernard	—	44
Discussion : MM. Mauclère, Remy	—	44
— Discussion sur la thermométrie (concours de 1874) : MM. Collard, Mauclère, Aumignon, Lhote, Husson	1874	32, 42
— Rapport sur le cautère Paquelin, par M. Vallerand	1885	31
— Quatre chevaux foudroyés et un homme blessé, par M. Collard	1887	96
Discussion : M. Aumignon	—	100
— Observation clinique. Tumeur sarcomateuse de l'entrée de la poitrine, par M. Pont	1888	19
— Analyse des bulletins des Sociétés vétérinaires de l'Aube et du Loiret, par M. Brissot	—	53, 55
— Analyse des bulletins des Sociétés vétérinaires du Nord-Est et de l'Aube, par M. Lenoir	1889	28, 30

	Années	Pages
— Analyse du bulletin de la Société vétérinaire des Ardennes, par M. Pont..	1889	46
— Rapport sur la flamme universelle Declaude, par M. Brissot	—	50
— Analyse du bulletin de la Société de médecine vétérinaire pratique, par M. Lenoir	1890	152
— Déchirure de la rate, par M. Pont ...	1892	40
— Note pour servir à l'histoire de l'emphysème sous-cutané, généralisé ou non, dans l'espèce bovine notamment, par M. Brissot.............	1894	118
— Moyen pour lever une vache parétique. Ses avantages, par M. Brissot......	1895	99
Discussion : MM. Biot, Guibert, Brissot......	—	101
— Inoculation contre les morsures du serpent. (Extrait du *Veterinary Recor.* Traduction de M. Gailleur).........	—	112

III. Maladies parasitaires non microbiennes.

	Années	Pages
— Observations sur une cause non encore signalée et irrévocable de maladie de peau, par M. Demilly.....	1846-47	91
— Réclamation de priorité au sujet de l'article précédent. (Acariase dermanyssique), par M. Demilly.........	1854	52, 70
— Des acéphalocystes, par MM. Demilly et Mauclère.	1858	53
Discussion : MM. Pouillot jeune, Moithy, Aumignon jeune, Mauclère, Pilton....	—	54
— Discussion sur la guérison du tournis : MM. Gayot, Aumignon, Pilton, Mauclère	1864	71
— Extrait d'un mémoire sur l'ostéo-sarcome ou ostéo-sarcose, appelé téras chez les bêtes à cornes, par M. Crouzon. (Communication de M. Gayot du Fresnay.......	—	79
— Suites de la discussion sur le tournis : MM. Baudin, Bergeand, Wibert, Pilton, Aubry, Mauclère, Renard......	1865	9, 16, 27

	Années	Pages
— Tournis, par M. Mauclère. *Discussion :* M. Hubert	1866	34
— Trichine ou trichinose. (Discussion) : MM. Baudin, Mauclère, Gayot, Aubry	—	33
— Hydropéricardite chez le mouton, ses causes, par MM. Wibert et Moulé	1867	16
— Cachexie, causes, par M. Aumignon	—	17
Discussion : M. Mauclère	—	18
— Ladrerie, par M. Mauclère	—	18
— Cachexie, par M. L	—	22
— Cachexie, par M. Wibert	—	33
— Cachexie ovine, par M. Loriot	1868	7
Discussion : MM. Baudin, Aumignon, Renard, George jeune	—	11
— Mémoire sur les Hipopus, acariens parasites, par M. Mégnin. (Analyse de M. Renard)	1875	22
— Compte rendu par M. Charpentier d'un mémoire de M. Mégnin sur les échinocoques	1876	24
— Tournis du mouton. Conférence de M. Brissot	1887	25
— Kyste hydatique du cœur, par M. Mauclère	1890	37

IV. Obstétrique.

	Années	Pages
— Hydromètre aiguë extra-membraneuse ou hydropisie vésiculeuse, observée pendant la gestation chez une vache, par M. George jeune	1850	17
— Parts laborieux. Torsion de l'utérus, par M. Wibert	1853	17
— Conceptions prématurées, par M. Descôtes	—	30
— Squirre du col de l'utérus, par M. George aîné. *Discussion :* MM. George père, Aumignon aîné, Laubréaux, Gayot, Descôtes	—	37
— Parturition laborieuse. Deux fœtus se présentant ensemble, par M. Aumignon aîné	—	40
— Parturition laborieuse. Ascite du fœtus ayant acquis un développement extraordinaire, par M. Aumignon aîné	—	41

	Années	Pages
— Parturition laborieuse. Poulain hydro-céphale, par M. Aumignon aîné	1857	27, 36
Discussion : MM. Gayot, Duplaquet, Pouillot jeune..........................	—	38
— Fœtus phénoménal (veau) et parturi-tion laborieuse	—	29
— Sur les suites de la non délivrance chez la vache, par M. Aumignon aîné	1858	5
Discussion : MM. Pouillot jeune, Mauclère, Gayot, Aumignon jeune, Baudin ...	—	13
— Sur le prolapsus utérin, par M. Pouil-lot jeune........................	—	19
— Fœtus phénoménal (veau), par M. Au-mignon aîné......................	1859	66
— Fièvre vitulaire, par M. Baudin	1860	36
Discussion : MM. Pilton, Pouillot aîné, Des-côtes, Aumignon aîné.	—	38
— Notice sur la fièvre vitulaire de M. Vil-leroy. Communication de M. Descôtes	1861	9
— Discussion sur la fièvre vitulaire : MM. Descôtes, Pouillot, Aumignon aîné, Gayot, George jeune, Baudin, Pilton, Aumignon jeune, Hubert, Wibert..........................	—	5, 60, 67
— Bandage-pessaire, par M. Debeury....	—	86
— Suite de la discussion sur la fièvre vitulaire : MM. George jeune, Pouillot aîné...........................	1862	17
— Parturitions anormales, par M. Vuille-card............................	1863	20
— Fœtus momifié (veau) et cas de gesta-tion anormale, par M. Paulin.......	—	23
Discussion : MM. Loriot, Pilton, Aumignon aîné, Gayot......................	—	23
— Accidents mortels par suite de déchi-rures de l'utérus et d'expulsion in-testinale, chez trois juments, consé-cutivement à la parturition, par MM Husson, Pilton, Remy.........	1864	31
— Part laborieux chez la vache, par M. Pilton..........................	1865	23
— Sur la délivrance, par M. Pilton......	—	24
Discussion : M. Wibert................	—	24
— Observation de déchirure de la ma-trice, par M. Loriot...............	1872	43

	Années	Pages
Discussion : MM. A Leblanc, Dutron	1872	13
— Rupture de la matrice chez la vache, par M. Loriot	1873	23
Discussion : MM. Dutron, Mauclère, Aumignon, George	—	24
— Gestation simulée. Métrite chronique, par M. George jeune	—	31
Discussion : MM. Dutron, Mauclère, Godon, Aumignon	—	31
— Rapport de M. Charpentier sur *L'embryotomie en vétérinaire*. (Mémoire de M. Rancillia)	1876	53
— Sur un procédé de réduction de la torsion de l'utérus (Extrait du Bulletin de la Société de médecine vétérinaire pratique), par M. Collard	1881	59
Discussion : M. Aumignon	—	59
— Renversement de la matrice chez la jument. Deux cas. Guérison, par M. Collard	1886	65
— Météorisation. Renversement de l'utérus et du vagin chez la vache, par M. Brissot	1888	59
— Gestation à gauche chez une vache, par M. Brissot	1889	79
Discussion : MM. Mauclère, Aumignon, Renard	—	81
— Sur la torsion de l'utérus, par M. Champagne	—	139
— Demi-torsion de la matrice, par M. Champagne	—	154
— Part gémillaire. Présentation antérieure et position vertébro-sacré dès deux fœtus (vache), par M. Brissot	1890	20
— Part laborieux. Monstre célosomien (vache), par M. Brissot	—	146
— Déchirure recto-vaginale pendant le part sur une jument, par M. Renard	1891	47
— Amputation de la matrice, par M. Beaudier	1894	54
— Veau momifié, par M. Mauclère	—	83
— Congestion de la matrice chez une vache en état de gestation, guérison, par M. Brissot	—	89
— Difficultés obstétricales, par M. Brissot	—	95

	Années	Pages
— Note sur la torsion de la matrice, par M. Thierry....................	1895	19
Discussion : MM. Lenoir, Guibert, Collard, Brissot	—	21

V. Thérapeutique. Pharmacie.

Toxicologie. Physique et Chimie.

	Années	Pages
— Sur le traitement de M. Alasaunière pour guérir les chevaux atteints de vertige abdominal, par M. Ris	1848-49	58
— Observations sur l'emploi de la poudre de digitale, par M. Gloux	—	71
— Extrait d'un rapport sur un appareil de M. Grandval, destiné à concentrer dans le vide les extraits pharmaceutiques, par M. Faure...........	1851	7
— Effets de la nielle sur l'économie animale, par M. le Dr Chevillon.......	1854	10
Discussion : M. Aumignon jeune	—	9
— Discussion sur le *feu français* : MM. Descôtes, Pouillot jeune, Guillemot, Baudesson, Faure, George jeune, Wibert, Aumignon aîné, Aumignon jeune, Gayot, Ponsart.	--	35, 37, 39
— Vinaigre sternutatoire dans le traitement de la péripneumonie bovine, par M. Descôtes..................	—	35
Discussion : MM. Aumignon aîné, Pouillot jeune, Guillemot..................	—	36
— Effets toxiques de l'acacia des jardiniers, par M. Demilly.............	—	52
— Effets de l'arsenic chez l'homme et les animaux, par M. Descôtes.........	—	86
— Opinion de la Société sur un prétendu traitement préservatif et curatif de la péripneumonie contagieuse du gros bétail...............	1857	6, 33
— Emploi de l'arsenic chez le cheval, dans des cas de pousse et de coliques persistantes, par M. Pouillot jeune. *Discussion* : M. Aumignon...	1858	19

	Années	Pages
— Discussion sur l'aspiration des gaz par l'anus dans la météorisation : MM. Pouillot jeune, Aumignon aîné	1858	63
— Suite de la discussion sur l'aspiration des gaz par l'anus dans le cas de météorisation : MM. Pouillot jeune, Demilly, Gayot, Descôtes, Aumignon aîné, Wibert, Hubert	1859	5, 13
— Empoisonnement de vaches par le cytise commun et le colchique d'automne, par M. Wibert	—	41
— Mode de guérison du piétin, par M. Mouchon. (Extrait du *Journal de l'Agriculture pratique*, par M. Gayot du Fresnay)	1862	33
— Le chloroforme dans les coliques des chevaux, par M. Gayot du Fresnay	—	35
— Rapport sur un instrument inventé par le berger Chatriet pour le pansement des maladies du pied des moutons, par M. Baudin	—	38
— Sur les feux liquides, par M. Vuillecard	1863	18
— Empoisonnement de plusieurs chevaux par l'if, le Palma Christi, etc., par M. Gayot du Fresnay	1864	24
— A propos d'un traitement du typhus contagieux des bêtes à cornes, par M. Mauclère. *Discussion* : MM. Mauclère, Dutron, Littinger	1867	37
— Discussion sur l'empoisonnement par le galéga : MM. Aumignon, Loriot, Pilton	1868	47
— Discussion sur l'emploi de l'acide phénique : MM. Remy, Aumignon	1870	19
— Discussion sur le traitement du typhus par l'acide phénique : MM. George jeune, Aumignon, Leblanc, Remy, Mauclère	1871	7, 15
— Traitement de la gale du cheval par M. Dutron. *Discussion* : MM. Aumignon, Delafosse, Aubry, Godon	1873	32
— Analyse du lait de mule. (Communication de M. Daray)	1874	8
— Traitement du tétanos par le cheval, par M. Dutron. *Discussion* : M. Mégnin	—	21

	Années	Pages
— Note sur l'emploi de la glycérine, par M. Aureggio. *Discussion :* MM. Renard, Léon Moulé, Loriot..........	1875	10
— Analyse d'un calcul rénal par M. Collet. Rapport de M. Collard............	—	12
— Rapport de M. Charpentier sur les abortifs. (Mémoire de M. Rancillia).	1876	53, 59
— Rapport de M. Charpentier sur *Les plantes vénéneuses ou suspectes du département de la Marne.* (Mémoire de M. Léon Moulé)....	—	56
— Des plantes vénéneuses ou suspectes du département de la Marne, par M. Léon Moulé...............	—	149
— Dissertation sur la thérapeutique dosimétrique, par M. Hugues. Analyse de M. Collard..................	1879	56
— Sur les effets thérapeutiques du calomel, par M. Laffitte père	1881	34
— Traitement de l'arthrite traumatique par l'iodure de fer, par M. Dutron. *Discussion :* M. Gailleur.	1887	63
— Effets du nitrate de soude sur les animaux, par M. Guibert. *Discussion :* MM. Mathis, Guibert, Aumignon....	1888	44
— Présentation d'un appareil étherisateur, par M. Collard	1889	30
— Le perchlorure de fer comme agent cicatrisant, par M. Brissot.........	—	114
Discussion : MM. Gailleur, Marcout	—	116
— Propriétés vomitives du sulfate de vératrine, par M. Brissot............	1891	18
— Empoisonnement de bêtes à laine par le nitrate de soude, par M. Mauclère	1892	36
Discussion : MM. Aumignon, Guibert.... ...	.....	40
— Lettre au *Répertoire de police sanitaire* au sujet du traitement de la fièvre aphteuse, par M. Brissot.....	1893	106
— Empoisonnement par un sel de strychine (Extrait de *La Lanterne*), par M. Guibert..................	1894	18
— Note de M. Eugène Bass sur le traitement des coliques du cheval par la pilocarpine et l'ésérine. (Communiquée par M. Collard).............	—	21

	Années	Pages
Discussion : MM. Collard, Mauclère.........	1894	21
— Rapport de M. Vignon sur *Deux cas d'empoisonnement produit par l'aristoloche clématite*. (Mémoire de M. L. Mesnard).................	—	26
— Rapport de M. Vignon sur un mémoire de M. Caroni, institué : *Notes sur l'empoisonnement des chiens par injection sous-cutanée de sulfate de strychnine*..................	—	24
— A propos d'empoisonnement de vaches par les tourteaux (?)............	—	61

VI. Anatomie Physiologie. Anomalies.

— Monstruosité observée sur l'espèce ovine, par M. Laubréaux..........	1852	7
Discussion : M. Baudesson..............	—	15
— Anomalies dentaires, par M. Wibert..	1854	19
— Présentation d'un agneau cyclope, par M. Remy......................	1855	59
— Rapport de M. Gayot du Fresnay sur un mémoire de M. Bitterlin, traitant de l'action physiologique des percepta, sur le système nerveux cérébro-spinal dans les différentes classes de l'échelle animale..........	1856	81
— Poulain mort-né hydrocéphale, par M. Aumignon aîné	1857	27, 36
Discussion : MM. Gayot, Duplaquet, Pouillot jeune................	—	38
— Fœtus phénoménal (veau), par M. Aumignon aîné.....	—	29
— Monstruosité utérine recueillie chez une vache, par M. Aumignon aîné..	—	38
— Fœtus phénoménal (veau), par M. Aumignon aîné	1859	66
— Sur les vivisections, par M. Pouillot aîné........................	1862	17
— Fistule dentaire auriculaire, par M. Wibert. *Discussion* : M. Gayot........	—	52
— Age du cheval, par M. Gayot du Fresnay. (Note extraite d'un journal allemand). *Discussion* : M. Wibert.....	1865	19

	Années	Pages
— Fécondation de la mule. par M. de Nanzio. (Communiqué par M. Daray).	1874	7
— Sur la fécondation de la mule (Extrait par M. Aumignon du Bulletin des séances de la Société centrale d'Agriculture de France, année 1873)	—	9
Discussion : M Aumignon	—	12
— Note tendant à démontrer l'identité du foie et de la rate, par M. Dupon....	1881	45
— Soudure naturelle de la 2e et de la 3e côte gauche chez le cheval, par M. Pont	1887	71
— Présentation d'un crâne de cheval, par M. Brissot......................	—	95
— Bride circulaire du vagin chez la vache, par M. Lenoir.....	1889	70
— Bec de perroquet renversé, par M. Brissot. *Discussion* : M. Magnin........	—	113
— Pseudo-hermaphrodisme chez le cheval, par M. Brissot	—	114
— Hyperthrophie du thymus chez une vache, par M. Brissot.............	1890	17
— Contribution à l'histoire de l'hermaphrodisme, par M. Renard.........	—	98
— Anomalie du pénis chez un agneau, par M. Renard	1892	34

VII. Zootechnie et Hygiène. Agriculture et Météorologie.

	Années	Pages
— Rapport sur la 4e session (1847) du Congrès central agricole, par M. Aumignon jeune...	1846-47	36
— Mémoire sur l'industrie lucrative des poules, par M. Mariot-Didieux......	—	72
— De l'influence qu'a exercée la médecine vétérinaire sur l'Agriculture en général, l'Economie rurale et l'Industrie agricole en particulier, par M. Mariot-Didieux................	—	102
— Observations sur la nature et l'amélioration de l'espèce bovine, sur le système Guénon, etc., par M. Descôtes	1847-48	122

	Années	Pages
— Réflexions sur la méthode Guénon, par M. Aumignon jeune..........	1847-48	142
— De l'influence du suffrage universel sur l'avenir de l'Agriculture et de la nécessité d'en convaincre les cultivateurs, par M. Aumignon aîné ...	—	153
— De l'importance des prairies artificielles ; du choix et du gouvernement des animaux domestiques pour la prospérité agricole, par M. Descôtes......................	1848-49	41
— De l'agnelage d'été, principalement dans les races fines, par M. Descôtes	—	61
— Note sur l'utilité des phosphates en Agriculture, par M. H. Faure.......	—	79
— Abus des étalons ambulants et rouleurs. *Discussion* : MM. Descôtes et Wibert........................	—	89
— Des cendres de tourbe employées comme amendement, par M. Descôtes	1850	13
— Rapport sur l'ouvrage de M. Magne, intitulé : *Choix des vaches laitières*, par M. Aumignon jeune..........	—	28
— Institution des courses de chevaux dans la Marne....................	—	45
— Bouture de pomme de terre. (Expériences de 1849, 1850 et 1851), par M. Descôtes....................	1851	20
Discussion : M. Baudesson	—	19
— De la nécessité d'étudier l'influence des variations atmosphériques, par M. Wibert........................	—	43
— Du commerce des engrais dits concentrés (Compte rendu)..............	—	47
— Rapport sur l'état de la médecine vétérinaire et de l'agriculture dans le royaume de Belgique, par M. Lécureux........................	—	55
— Régénération de la pomme de terre, par M. Descôtes................	1852	146
— Discussion sur les inconvénients des étalons rouleurs : MM. Descôtes, Boulard, Gayot.................	—	146
— Un mot sur l'état général de la pro-		

	Années	Pages
duction chevaline dans l'arrondissement de Reims, par M. Baudesson	1853	7
— Conceptions prématurées, par M. Descôtes	—	30
— Rapport à M. le Préfet de la Marne sur les causes de la cherté des viandes de boucherie, par M. Gayot du Fresnay	1855	37
— Engraissement du bétail, par M. Descôtes	1856	15
— Des habitations des animaux domestiques, par M. Moulé	—	21
— Extrait d'un travail sur le limousin équestre, par M. Eugène Gayot	1857	8
— Note sur le thé de foin, par M. Aumignon aîné	1858	18
— Annonce par M. Demilly d'un ouvrage sur l'hygiène et l'éducation des animaux. *Discussion* : MM. Gayot, Aumignon, Pouillot jeune, Demilly	—	33
— De la nourriture économique du cheval par les fourrages hachés, par M. Pouillot jeune. *Discussion* : M. Descôtes	1859	29
— Influence morbide des climats, par M. Wibert	1860	14
— Anneau nasal, par M. Debeury. (Voir aussi 1863, page 58)	1861	66
— Causeries hippiques, de Léon Gatayes. (Communication de M. George aîné),	1862	22
— Qualités nutritives de la carotte, par M. Gayot du Fresnay	—	79
— Examen des trois systèmes zootechniques de reproduction applicables aux animaux domestiques. De la part et de l'influence de chacun d'eux sur les générations, par M. Demilly	1863	34
Discussion : MM. Aumignon aîné, Demilly, Mauclère, George aîné, Baudin, Gayot, George jeune	—	47
— Sur une maladie vermiculaire des jeunes seigles, par M. Aumignon aîné	—	63
— Discussion sur la tonte des chevaux :		

	Années	Pages
MM. Wibert, Pilton, Baudin, Lutrot, Thurel	1863	67
Discussion : MM. Bergeaud, Aumignon aîné .	1864	5
— Suite de la discussion sur la tonte des chevaux : MM. Wibert, Debeury, Paulin, Baudin, Renard, Boulard, Pouillot aîné, Aubry, Gayot, Aumignon aîné, Bergeaud, George aîné, Thurel, Pilton, George jeune, Hubert, Loriot, Mauclère, Remy, Flamens...	1864	6, 19 21, 36
— Discussion sur les bains froids des chevaux aussitôt après l'exercice : MM. Wibert, Pilton, Aumignon, Gayot	—	39
— Rôle des vétérinaires dans le progrès agricole : MM. Gayot, Baudin, Bergeaud, Flamens, Renard	1865	6
— Rapport de M. Pilton sur une tondeuse mécanique des chevaux	1867	24
— Echange d'impressions sur le concours régional agricole : MM. Mauclère, Wibert, Dutron, Hubert, Aumignon.	1868	32
— Rapport de M. Wibert sur la session de la Société des Agriculteurs de France	1869	7
— Discussion sur l'utilité des associations : MM. Mauclère, Aumignon, Voyer	—	22
— Discussion sur diverses questions de zootechnie : MM. Wibert, Aumignon, Lhote	1870	8
— Inhumation trouvée au Camp de Chàlons	1871	33
— A propos d'un concours de tondeuses, par M. Lhote	-1872	56
Discussion : M. Wibert	—	57
— Rapport de M. Loriot sur une circulaire de M. Gœtz, relative à la création de prairies naturelles. *Discussion* : MM. Renard, Mauclère, Aumignon, Collard	1875	20
— Communication par M. Collard d'un rapport sur la session de 1875 de la Société des Agriculteurs de France.	—	35
— Compte rendu d'une brochure de la Société vétérinaire du Brabant, par M. Charpentier	1876	23

	Années	Pages
— Sur l'état de la population chevaline dans la République Argentine, par M. Callot. (Communication faite par M. Collard)	1876	38
— Analyse succinte du mémoire de M. Callot sur le cheval de la Plata, par M. Aumignon	1877	7
— Instruction ministérielle sur le *Doryphora*	1878	7
— Le *Bicho moro*, parasite de la pomme de terre, par M. Callot	—	11
— Le *Cridocère*, parasite de l'asperge, par M. Renard	—	13
— Rapport sur un mémoire de M. Marcout, intitulé : *Etude sur la colonie française de la Basse-Cochinchine*, par M. Renard	—	40
— Rapport sur une pétition-circulaire de M. Richard au sujet des Haras et des Remontes, par M. Dupon	1881	38
— Etude sur la colonie française de la Basse-Cochinchine, par M. Marcout.	—	77
— Le cheval dans les temps anciens et dans les temps modernes (Extrait d'une conférence), par M. Collard	1882	12
— Rapport à M. le Préfet sur un projet de concours pour les juments poulinières, par M. Guibert	—	27,31
Discussion : M. Aumignon	—	38
— Chambres consultatives d'agriculture, par M. Collard	1883	70
— Rapport sur *L'élevage et les Haras* (Mémoire de M. Rigollat), par M. Renard	1884	19
— Rapport de M. Collard sur le concours régional d'Epernay, en 1884	—	97
— Les porcs de la race Berkshire. (Circulaire de la ferme du Gourd)	1885	11
— Rapport de M. Collard sur le concours régional de Nancy	—	33
— Haras et Remontes. Conférences de M. Collard	1886	50
— Discussion sur la production du cheval. (A propos d'une circulaire de M. Richard) : MM. Guibert, Aumignon	1887	7

	Années	Pages
— Analyse d'une conférence sur le Mildew, par M. Collard	1887	74
— La production du cheval de guerre, par M. Magnin	1890	45
— Quelques conditions d'une bonne remonte de notre cavalerie, par M. Rohr	—	101
Discussion : MM. Collard, Pont, Magnin, Gailleur, Mauclère, Pernet	—	106
— Note sur la production du cheval de guerre, par M. Magnin	—	125
— Le demi-sang dans l'arrondissement de Sainte-Ménehould, par M. George Edouard	—	132
— Lettre de M. Aureggio à propos de la question des remontes	—	142
— L'espèce bovine dans le département de la Marne, par M. Collard	—	161
— Rapport de M. Brissot sur *L'alimentation rationnelle des bovidés* (Travail de M. Boucher)	1891	31
— Rapport sur *La remonte des chevaux de l'armée en France.* (Mémoire de M. Marchal), par M. Brissot et Magnin	—	36
— Rapport sur le concours régional agricole de Bar-le-Duc, en 1891, par M. Collard	—	56
— Le cheval et les autres animaux domestiques en France, dans les institutions du moyen âge, par M. Collard	1892	53
— Discussion à propos du concours de moutons de Châlons : MM. Guibert, Collard, Mauclère	1893	79
— Note sur l'emploi du plâtre en agriculture, par M Collard	1894	22, 69
— Discussion au sujet du concours de juments poulinières et de pouliches à Vitry-le-François : MM. Guibert, Collard, Lenoir, Marcout, Mauclère	1895	136

VIII. Police sanitaire.

Jurisprudence. Médecine légale.

Inspection des viandes.

	Années	Pages
— Médecine légale ou consultation judiciaire relativement à un cheval échappé, qui a occasionné la mort d'une personne, par M. Pilton	1848-49	65, 67
— Conservation des viandes, par M. Descôtes	1853	38
Discussion : MM. Aumignon aîné, Descôtes, Faure, Wibert	—	39
— Opinion de la Société sur le procédé Ervaux pour combattre la péripneumonie	1854	82
— Demande de renseignements par M. le préfet sur les maladies épizootiques ou enzootiques en 1852, 1853, 1854	1855	85
— Discussion sur une question de jurisprudence : MM. Godard, Aumignon aîné	1856	9
— Epizooties et maladies contagieuses. Rapport à M. le préfet de la Marne, par M. Gayot du Fresnay	—	35
— Rapport au préfet sur la péripneumonie contagieuse, par M. Gayot du Fresnay	—	42
— Erreur de lieu, par M. Massenat	—	46
— Sur la fluxion périodique des yeux au point ne vue rédhibitoire, par M. Descôtes	—	48
Discussion : MM. Massenat, Pouillot aîné	—	50
— Rapport à M. le préfet sur la péripneumonie bovine, par M. Gayot du Fresnay	—	53
— Discussion sur l'erreur du lieu : MM. Wibert, Massenat, Mauclère	—	55
— Rapport à M. le préfet sur une épizootie de bronchite catarrhale chez le cheval, par M. Gayot du Fresnay	—	83
— Lettres sur les maladies régnantes, par MM. Henn et Pilton	—	119, 120
— Rapport judiciaire au sujet des empreintes laissées par les fers d'un		

	Années	Pages
cheval appartenant à un individu prévenu du crime d'incendiaire, par M. Pouillot jeune	1857	42
— Communication de pièces judiciaires relatives à une erreur de lieu, par M. Wibert	—	60
— Sur la pousse comme vice rédhibitoire, par M. Vuillecard	1858	55
— Discussion sur les modifications à apporter à la loi du 20 mai 1838 : MM. Pilton, Demilly, Moithy, Aumignon aîné, Wibert, Godard	—	56
— Suite de la discussion sur les modifications à apporter à la loi du 20 mai 1838 : MM. Gayot, Wibert, Descôtes, Pouillot, Aumignon, Hubert, Pilton, Moithy, Demilly	1859	8, 16
— Suite de la discussion sur la loi concernant les vices rédhibitoires : MM. Mauclère, Baudin, Vuillecard, Pilton, Wibert, Gayot	—	49
— Observations sur la loi du 20 mai 1838, par M. Gayot du Fresnay	—	56
— Répression du mauvais traitement des animaux, par M. Descôtes	1860	35
— Différentes questions de jurisprudence. *Discussion* : MM. Pilton, Vincent, Marson, Descôtes	1861	27
— Opinion de la Société sur la muselière des chiens	—	82
— Sur les maladies régnantes (MM. Wibert, Pilton, Demilly	1862	106
— Responsabilité des vétérinaires dans la rage, par M. Gayot	1863	58
— Hippophagie, par M. Gayot du Fresnay	1865	17
— Discussion sur le typhus contagieux des bêtes à cornes : MM. Husson, Wibert, George aîné, Gayot, Aumignon aîné, George jeune, Mauclère	—	34
— Lettre de M. le sous-préfet de Vitry relativement au typhus	1866	6
— Lettres de MM. Debeury, Littinger, Vuillecard, Wibert, sur le même sujet	—	6

	Années	Pages
— Rapport de M. le président à M. le préfet sur les mesures et les renseignements concernant le typhus.	1866	7
— Lettre de M. le président à M. le préfet sur le typhus..................	—	8
— Lettre de M. Pommeret sur le même objet......................	—	9
— Lettre de M. Littinger, même objet ..	—	13
— Lettre de M. le préfet de la Marne à M. le président, même objet.......	—	14
— Opinion du *Journal d'Agriculture pratique* sur les mesures employées pour combattre le typhus (communication de M. Gayot du Fresnay)...	—	15
Discussion : MM. Aumignon, Baudin, Wibert.	—	16
— Cas de jurisprudence, par M. Wibert..	—	25
Discussion : MM. Pilton, Wibert, Moithy.....	—	25
— Renseignements demandés par M. le préfet sur la pustule charbonneuse.	—	28
— Discussion sur la revision de la loi concernant les vices rédhibitoires : MM. Aumignon, George aîné, Wibert, Pilton, Hubert, George jeune, Aubry........................	1868	43
— Discussion sur le renversement du vagin et l'emphysème pulmonaire au point de vue rédhibitoire : MM. Dutron, Wibert, Mauclère...........	1869	23
— Rapport de M. Hubert sur les moyens de s'opposer aux ravages de la péripneumonie contagieuse du gros bétail...........................	—	33
Discussion : MM. Wibert, Pilton, Mauclère, Aumignon, Hesdin, Collard, George aîné.....................	—	48
— Discussion sur la loi du 20 mai 1838 : MM. Wibert, Mauclère, Aumignon, Lhote, Aubry	1870	12
— Indemnité dans le cas de péripneumonie : MM. Wibert, Aumignon...... ..	—	16
— Rapport à M. le préfet sur la pleuropneumonie contagieuse, M. Hédin, rapporteur	—	24
— Instructions pratiques sur le typhus, par M. Aumignon aîné	1871	9

	Années	Pages
— Peste bovine et enfouissements. Rapport de M. Aumignon	1871	18, 24
— Rapport de M. Mauclère à M. le sous-préfet de Reims sur la péripneumonie	1872	6
— Documents administratifs sur la peste bovine et le repeuplement des étables, par M. Aumignon aîné	—	22
— Responsabilité commerciale à propos de la morve. *Discussion* : MM. Bernard, Aumignon	1873	45
— Responsabilité professionnelle à l'occasion de la morve. Discussion : MM. Collard, Mauclère, Bonnet	1874	28
— Responsabilité des chemins de fer en cas d'accident : MM. Aumignon, Marcout	—	51
— Une question de responsabilité commerciale, par M. Mauclère. *Discussion* : M. Dutron	1875	32
— Question de jurisprudence au sujet du tic sans usure des dents, par M. L. Moulé	—	52
— Extraits de rapports administratifs sur la péripneumonie, par M. Collard	1877	16
— Note sur la viande d'Amérique importée par le Frigorifique, par M. Aumignon	—	19
— Sur la fièvre aphteuse, par M. Collard. *Discussion* : M. Aumignon	—	47
	—	49
— Sur la clavelée, par M. Aumignon	—	52
— Au sujet de la viande d'Amérique, par MM. Collard et Callot	—	53
Discussion : MM. Vallerand, Callot, Collard	1878	6
— Prétendue infraction aux réglements de police sanitaire, par M. Regnard	1879	8
— Discussion sur la clavelée : MM. Aumignon, Collard, Mauclère	—	11
— Y a-t-il lieu de modifier les lois et arrêtés royaux belges sur les vices rédhibitoires ? par M. Hugues. Analyse de M. Collard	—	64
— A propos du projet de loi sur la police sanitaire des animaux domestiques, par M. Aumignon	1880	7, 35 47, 60

	Années	Pages
— Vœu sur la police sanitaire, présenté à la Société des agriculteurs de France, par M. Callot	1881	34
— Vache tuberculeuse, rédhibition, par M. André Urbain. (Analyse de M. Dupon)	—	62
— A propos de la loi sur la police sanitaire des animaux, par M. Aumignon	1882	6
— Circulaire ministérielle du 3 décembre 1881 sur la péripneumonie contagieuse	—	7
— La fièvre tybhoïde et la loi sur la police sanitaire, par MM. Aumignon et François	—	11
— Extrait du compte rendu du service des épizooties en 1882, par M. Aumignon	1883	11
— Discussion sur l'organisation du service sanitaire : MM. le Préfet, Collard, Doyen, Guibert, Girard, Bergeaud, Regnard, Vallerand, Aumignon, Moulé	—	15
— Discussion sur l'exercice de la médecine vétérinaire dans les maladies contagieuses : MM. Doyen, Aumignon, Lenoir, Mauclère	—	27
— La vente des chevaux réformés au point de vue de la loi sanitaire, par M. Collard	—	29
Discussion : M. Dupon	—	29
— Discussion sur la réorganisation du service vétérinaire dans la Marne. Projet d'arrêté proposé	—	30
— Circulaire du 18 juin 1883 sur la péripneumonie contagieuse	—	42
— Rapport au préfet sur l'organisation du service sanitaire, par M. Aumignon	—	44
Discussion : MM. Aumignon, Mauclère, Génique, Renard, Moulé	—	50
— Lettre de M. le préfet sur l'organisation du service sanitaire	—	52
— Rapport sur le tarif des honoraires dans le service sanitaire, par M. Aumignon	—	54

	Années	Pages
— Discussion sur un projet d'arrêté préfectoral réorganisant le service sanitaire : MM. Aumignon, Doyen, Collard	1883	67
— Péripneumonie contagieuse. Indemnité, par M. Aumignon	—	70
— Sur l'organisation du service sanitaire	1884	22
— Service des épizooties. Lettre de M. le préfet. Arrêté de réorganisation	—	
— Arrêté fixant les indemnités à accorder aux vétérinaires sanitaires	—	41
Discussion : MM. Doyen, Aumignon, Mauclère, Collard	—	53
— Vulgarisation des connaissances symptomatologiques dans les maladies contagieuses	—	55
Discussion : MM. Doyen, Aumignon	—	56
— Résumé de l'état sanitaire du département pendant l'année 1883, par M. Aumignon	—	57
— Une infraction aux lois et réglement sur la police sanitaire, par M. Mauclère	—	79
— Réclamations diverses au sujet de l'inspection des foires et marchés	—	85
— Application arbitraire de la loi sanitaire, par MM. Mauclère et Aumignon	—	86
— Péripneumonie contagieuse dans la Marne, par M. Aumignon	—	87
— Délibérations du Conseil général concernant les crédits alloués pour le service sanitaire	—	95
— Service sanitaire. Circulaire de M. Aumignon, vétérinaire délégué	1886	15
Discussion : MM. Guibert, Aumignon	—	16
— Service sanitaire. Instruction pour la désinfection, par M. Aumignon	—	17
— Erreur de lieu, par M. Collard	—	47
— Inspection sanitaire des foires et marchés. Discussion : MM. Guibert, Aumignon	—	69, 78
— Honoraires des vétérinaires dans les faillites, par M. Mathis	—	70

	Années	Pages
— Extrait du rapport de M. Aumignon, vétérinaire délégué (du 1er juillet 1885 au 1er juin 1886)..............	1886	84
— Entrevue du Bureau du congrès sanitaire avec M le Ministre de l'Agriculture, par M. Rossignol	1887	10
— Inspection sanitaire des foires et marchés. Discussion : MM. Guibert, Aumignon, Mauclère, Lenoir.........	—	34, 36 68, 82
— Rapport à M. le préfet sur le service sanitaire dans le département de la Marne, par M. Aumignon ....,	—	75
— Un cas de rage, par M. Aumignon....	—	79
Discussion : M. Guibert..................	—	80
— Classement des chevaux et voitures en 1887, par M. Collard	—	100
— Rapport administratif de M. Aumignon sur l'inspection des foires et marchés................................	1888	10
— Circulaire ministérielle du 28 février 1888 sur la fièvre aphteuse........	—	22
— Rapports de M. Aumignon, vétérinaire délégué, sur la fièvre aphteuse. ..	—	23, 26
Discussion : MM. Mauclère, Guibert, Aumignon	—	28
— Rapport de M. Aumignon sur les épizooties (du 1er juillet 1887 au 31 juin 1888)	—	51
— Discussion sur l'organisation du service sanitaire : MM. Aumignon, Guibert, Mauclère...........	1889	77
— Au sujet de la création, à Châlons, d'un laboratoire pour le service sanitaire, par M. Guibert.....	—	123
— Lettre de M. Rossignol sur le code rural. *Discussion* : MM. Marcout, Guibert.....................	1890	12
— Laboratoire pour le service sanitaire, par M. Guibert..............	—	31
— Service sanitaire. Lettre à M. le préfet, par M. Renard, président..........	1891	44, 45
— Projets d'arrêtés pour les foires et marchés, abattoirs, tueries particulières et ateliers d'équarrissage, par M. Guibert, vétérinaire délégué....	—	84

	Années	Pages
Discussion : MM. Girard, Guibert, Mauclère, Humbert	1891	91
— Rapport annuel sur le service sanitaire, par M. Guibert	—	100
— Tarif des honoraires des vétérinaires sanitaires, par M. Guibert	1892	12
— Projet de réglement d'administration publique sur l'inspection des abattoirs, des clos d'équarrissage, des vacheries, etc., par M. Ch. Morot	—	19
Discussion : MM. Guibert, Mauclère	—	30
— Discussion sur les honoraires des vétérinaires sanitaires : MM. Guibert, Lenoir, Aumignon, Mauclère	—	34, 49
— A propos d'inoculations de tuberculine, par M. Guibert	—	105
— Rapport administratif sur les épizooties, par M. Guibert	—	108
— Rapport du Dr Thomas au Conseil général relatif au précédent	—	128
Discussion : MM. Doyen, Brissot, Collard	—	131
— Rapport de la commission des tarifs des honoraires des vétérinaires sanitaires de la Marne, M. Brissot, rapporteur	1893	21
Discussion : MM. Comus, Guibert	—	26
— Réunion générale des vétérinaires du département de la Marne du 9 avril 1893. Discussion du tarif des honoraires des vétérinaires sanitaires : MM. Guibert, Aumignon, Champagne, Laurent, Mathis, Collard, Doyen, Mauclère	—	29
— Pétition à M. le Préfet et à MM. les Conseillers généraux. (Tarif des honoraires des vétérinaires sanitaires)	—	92
— Rapport de M. Guibert, vétérinaire délégué, sur cette pétition	—	95
— Délibération du Conseil général sur la pétition des vétérinaires sanitaires	—	98
— Rapport de M. Guibert, vétérinaire délégué, pour l'année 1892	—	133
— Circulaire de M. Collard, président, sur la délibération du Conseil géné-		

	Années	Pages
ral relative aux honoraires des vétérinaires sanitaires..............	1894	13
— Comité consultatif des épizooties. Instruction sur l'emploi de la malléine pour le diagnostic des cas douteux de morve......................	—	133
— Au sujet de la création d'un laboratoire de bactériologie à Reims. (MM. Collard et Guibert).....	1895	18
— Lettre de M. Lenoir. Vœux émis au Conseil d'arrondissement sur les différentes questions de police sanitaire	—	109
—- Du danger d'enfouir des cadavres d'animaux atteints de maladies contagieuses, même après de nombreuses années, par M. Pollet......	—	116
Discussion : MM. Collard, Guibert, Mauclère, Gailleur, Lenoir, Champagne	—	119

IX. Maréchalerie.

— Ferrure pathologique au désencasteleur, par M. Aumignon aîné.......	1857	34
Discussion : MM. Aumignon aîné, Pouillot aîné	—	51
— Sur les concours de maréchalerie, par M. Pilton. Rapport de M. Huart, sur le concours de maréchalerie à Saint-Saulve, en 1859.............	1862	42
Discussion : MM. Wibert, Aumignon aîné, George aîné..................	—	45
— Rapport de M. Pilton sur un projet de concours de maréchalerie. *Discussion :* MM. George jeune, Mauclère, Aumignon..................	—	56
— Ferrure Charlier. *Discussion :* M. Gayot	1865	39
— Ferrure Charlier. *Discussion :* MM. Baudin, Mauclère, Hubert, Pilton, Aumignon aîné.....................	1866	33
— Discussion au sujet d'un projet de concours de maréchalerie : MM. Aumignon, Wibert.....	1869	18
— Présentation d'un fer pathologique des Francs, par M. Collard	1874	49
— Rapport de M. Renard sur *La dilatation du sabot du cheval par la ferrure.* (Mémoire de M. Laquerrière) .	1878	43

	Années	Pages
— L'électricité comme moyen de contrainte dans la ferrure des chevaux difficiles et dangereux. Communication de M. Guénon............	1887	94
— Sur la ferrure des chevaux difficiles par l'électricité, par M. Collard...	1891	13
— Mors électrique du capitaine de Place, par M. Marchal...............	—	79
Discussion : MM. Guénon, Humbert.........	—	83
— Fer à plaqués à pansement, par M. Brissot.................	1893	109
Discussion : MM. Doyen, Blot, Brissot.......	—	112
— Fer à pansement, par M. Beaudier....	1894	81
— Concours régional de maréchalerie. Programme. Prix à décerner.......	1895	38
Discussion : MM. Brissot, Mathis, Mauclère, Collard, Guibert	—	41
— Concours de maréchalerie du 23 juin 1895. Jury. Prix. Banquet.........	—	55

X. Histoire. Biographie. Statistiques.

Nécrologie.

	Années	Pages
— Proposition d'une statistique sanitaire, par M. Wibert.................	1847-48	9
— Érection d'un monument public à la mémoire de Bourgelat............	—	10, 24
— Biographie de Bourgelat, par M. Descôtes	—	11
— Statistique médicale vétérinaire. Proposition de M. Wibert............	1851	41
— Notice sur les mots : hippiatre, vétérinaire et maréchal, par J.-B. Huzard, (Communication de M. Gayot du Fresnay)	1862	47
— Rapport de M. Gayot du Fresnay sur une brochure de M. le Dr Cornay, intitulée : *De la reconstitution du cheval sauvage primitif*	—	82
— Au sujet des statistiques sanitaires, par M. Gayot du Fresnay.........	—	86
— Mort de M. Pouillot jeune..........	—	106
— Mort de M. Eugène Renault, inspecteur général des Écoles vétérinaires....	1863	33

	Années	Pages
— Maladies contagieuses observées en 1862	1863	58
— Mort de M. Descôtes. Lettre de condoléances de M. Gayot, président	1864	46
— Mort de M. Descôtes. Discours de M. Baudin	—	47
— Mort de M. François. Notice nécrologique extraite de l'*Echo de la Marne*	—	48
— Mort de M. Demilly, vice-président de la Société	—	62
— Mort de M. Demilly. Discours de M. Mauclère	—	63
— A propos des statistiques médicales vétérinaires de 1864	1865	26
— Mort de M. Bernis, membre correspondant	1868	6
— Mort de M. Gayot du Fresnay, président de la Société	—	13
— Discussion sur l'importance et l'opportunité d'une statistique médicale vétérinaire : MM. Aumignon, Wibert, Mauclère	—	42
— Etat sanitaire du département	1869	29, 48, 53
— Mort de M. Hubert	1870	17
— Mort de M. Hubert. Notice nécrologique sur M. Hubert, par M. Mauclère	—	20
— Statistique des maladies contagieuses	—	19
— Mort de M. Boulard, membre associé	1873	49
— Souscription Bourgelat, Réclamation de priorité en faveur de la Société	1874	17, 23
— Mort de M. Wibert	1875	6
— Mort de M. Lhote	1877	20
— Mort de M. Lhote. Discours prononcé par M. Mauclère	—	21
— Mort de M. Dutron	1878	27
— Mort de M. Guillemot	1879	5
— Notice nécrologique sur M. Wibert, par M. Mauclère	1880	50
— Demande par le Ministre d'un bulletin sanitaire mensuel. *Discussion* : MM. Aumignon, Guibert	1885	30
— Mort de M. Magne, ancien directeur d'Alfort, membre honoraire	—	41
— Mort de M. H. Bouley (de l'Institut), membre honoraire	1886	7

	Années	Pages
— Notice sur H. Bouley, par M. Collard..	1886	9
— Mort de M. Regnard (d'Hermonville)...	—	44
— Bulletin mensuel sanitaire du département de la Marne..................	—	69
— Loi sur les vices rédhibitoires, sous les rois Francs de la première race, par M. Collard....................	1887	64
— Mort de M. George père............	1888	7
— Mort de M. George père. Discours de M. Aumignon, président........ ..	—	13
— A propos de *L'Histoire du cheval en France*, par M. Collard...........	—	33
— Lettre de Voltaire à Bourgelat........	—	57
— L'histoire du cheval et des autres animaux domestiques en France, depuis les temps les plus reculés jusqu'au moyen âge, par M. Collard	—	165
— Mort de M. Moulé père.............	1890	7
— Mort de M. Moulé père. Discours de M. Renard, président.............	—	8
— Mort de M. Moulé père. Discours de M. Collard, secrétaire...	—	9
— Mort de M. Armand Goubaux, directeur honoraire d'Alfort, membre honoraire de la Société.......	—	95
— Mort de M. Charpentier, vétérinaire à Sézanne.....................	1891	12
— Mort de M. Eugène Gayot, membre honoraire...................	—	51
— Mort de M. Antoine Richard (du Cantal) membre honoraire	—	52
— Mort de M. Quivogne père..........	1892	19
— Don d'un diplôme vétérinaire de l'an X, par M. Aumignon................	—	35, 103
— Mort de M. Renard, président, et de M. Charlier...	1893	35
— Obsèques de M. Renard, président de la Société	—	56
— Obsèques de M. Renard. Discours de M. Guibert, vice-président........	—	57
— Obsèques de M. Renard. Discours de M. Collard, secrétaire	—	58
— Obsèques de M. Renard. Discours de Gaillemain	—	60
— Obsèques de M. Pierre Charlier......	—	62

	Années	Pages
— Obsèques de M. Pierre Charlier. Discours de M. Mauclère	1893	62
— Obsèques de M. Pierre Charlier. Discours de M. Th. Maldan	—	70
— Mort de M. Delaval (vétérinaire non sociétaire)	1894	13
— Mort et obsèques de M. Aumignon, président honoraire de la Société	—	33
— Mort et obsèques de M. Aumignon. Notice nécrologique, par M. Collard	—	34
— Mort et obsèques de M. Aumignon. Allocution, par M. Brissot	—	40
— Mort de M. Pernet, membre correspondant	—	63
— Mort de M. Anne, sénateur du Calvados	1895	17
— Mort de M. Faure, vétérinaire à Orbais (non sociétaire)	—	17
— Mort de M. Doyen	—	34
— Mort de M. Pasteur. Lettre à Madame Pasteur	—	106

XI. Déontologie.

	Années	Pages
— Opinion et conseils de la Société relativement au contact des vétérinaires avec les empiriques	1848-49	95
— Réglement concernant l'exercice pratique de la médecine vétérinaire. (Réglement Baudesson)	1850	50, 51
— Question de déontologie (à propos d'accidents de castration), par M. George père	1857	48, 54
— Exercice de la vétérinaire et courtage dans la vente des chevaux	1862	7
— Un mot de déontologie, par M. Renard	1889	34
— Une polémique dans les journaux politiques (extrait du *Petit Comtois*, par M. Magnin)	1890	155
— Incident à propos d'une question de déontologie, par M. Mauclère	1893	83
— Reproduction du réglement Baudesson	1894	57, 58, 59

XII. Intérêts professionnels.

	Années	Pages
— Procès de Nérac	1846-47	22
— A propos du projet de loi sur l'exercice de la médecine vétérinaire	—	23
— Observations sur les Sociétés vétérinaires en général, par M. Demilly	—	29
— Intérêts professionnels. Commission chargée d'étudier la réglementation de la médecine vétérinaire et de compléter l'enseignement dans les Écoles vétérinaires	1847-48	26
— Procès de Nérac	1851	50
— Rapport sur l'état de la médecine vétérinaire et de l'agriculture dans le royaume de Belgique, par M. Lécureux	—	55
— Observations relatives à l'exercice de la médecine vétérinaire, soumises à MM. les membres du Conseil général de la Marne, dans sa session de 1840, par M. Gayot du Fresnay	1854	42
Discussion : MM. Aumignon aîné, Descôtes, Pouillot aîné	—	51
— Sur la réglementation de la médecine vétérinaire (MM. Gayot, Descôtes)	—	84
— Les vétérinaires placés par les tribunaux dans la « classe ignorante », par M. Godard. *Discussion* : M. Aumignon	1856	8
— Circulaire de M. le préfet de la Marne sur l'exercice de la médecine vétérinaire	1862	10
— Lettre de M. le préfet à M. le président de la Société relative aux visites annuelles des médicaments dangereux chez les médecins, les pharmaciens, les vétérinaires	—	12
— Circulaire du président relative aux deux documents précédents	—	14
— Rapport sur les vétérinaires ruraux, par M. Hubert	—	66
— Traitement des animaux par abonnement. *Discussion :* MM. George jeune, Hubert, Aumignon aîné	—	78

	Années	Pages
— A propos de la réglementation de l'exercice de la médecine vétérinaire (MM. Gayot, Saucour, Demilly)	1862	104
— Contraste dans les actes de l'Etat relativement aux vétérinaires (MM. Demilly, Wibert)	—	105
— Au sujet d'une lettre adressée à M. Renault par M. Gayot du Fresnay	—	85
— Résultat des démarches faites pour la réglementation de la médecine vétérinaire (MM. Gayot, Descôtes)	1863	6
— Vente des médicaments par les vétérinaires (MM. Saucour, Aumignon aîné, Baudin, Renard)	—	8
— Exercice de la médecine vétérinaire (MM. Mauclère, Aumignon, Wibert)	1864	43
— Rôle des vétérinaires dans le progrès agricole (MM. Gayot, Baudin, Bergeaud, Flamens, Renard)	1865	6
— Opinion élogieuse de M. le Ministre de l'agriculture sur les services rendus par les vétérinaires (MM. Gayot, Mauclère)	1866	34
— De la médecine vétérinaire et de l'empirisme, par M. Henri Giraud. (Communication de M Gayot du Fresnay)	—	50
— Agence hippique, par M. Wibert	—	67
— Utilité des associations (MM. Mauclère, Voyer)	1869	22
— Mémoire sur l'exercice de la médecine vétérinaire, par M. Collard	1876	10
Discussion : MM. Charpentier, Lhote, Collard, Mauclère	—	22
— Société vétérinaire du Brabant. Compte rendu du bulletin, par M. Charpentier	—	23
— Réclame au sujet d'un onguent rouge vétérinaire, par M. Aumignon	1877	46
— A propos du congrès national de 1878. Circulaires	1878	53
— Rapport de M. Mauclère sur la réunion des délégués des Sociétés vétérinaires de France	1879	14
— Associations de prévoyance et de secours : *Discussion* : MM. Aumignon, Mauclère, George, Renard, Mathis	—	29, 71 72, 74

	Années	Pages
— Intérêts professionnels. (Société de prévoyance et loi sur la police sanitaire)	1880	11
— A propos du projet de loi sur la police sanitaire des animaux domestiques. Documents divers	—	7, 35, 47, 60, 61, 64, 65
— Participation de la Société aux frais des procès intentés contre les empiriques	—	48
— Ignorance et charlatanerie, par M. Aumignon	—	67
— Rapport de M. Rohr sur l'abus du mot *diplômé* employé avec le titre de vétérinaire et sur l'opportunité de la suppression de ce qualificatif	—	69
— Remède secret contre les coliques, par M. Collard	1881	6
— Sur la désignation des vétérinaires civils pour les commissions mixtes de classement des chevaux	—	8
— Rapport de M. Aumignon sur le tarif des honoraires dans le service sanitaire	1883	54
— Au sujet de conférences vétérinaires	—	68
— Projet d'une exposition vétérinaire à Epernay, à l'occasion du concours régional agricole de 1884	—	69
— Vœu sur le droit pour les vétérinaires de vendre des médicaments	—	72
— Conférences vétérinaires. Circulaire	1884	23, 48, 56
— Sur le projet d'une exposition technique vétérinaire à Epernay	—	24, 35
— Exercice de la pharmacie devant la Société des agriculteurs de France. Compte rendu par M. Laquerrière	—	38
— A propos de l'empirisme	—	40
— Incident au sujet du nouveau réglement sur le service des épizooties. MM. Doyen, Aumignon, Mauclère, Collard)	—	53
— Exercice de la pharmacie par les vétérinaires. Circulaire de la Société	—	53
— Pétition de M. Dubuc sur l'empirisme	—	54

— 153 —

	Années	Pages
— Diverses réclamations sur l'inspection des foires et marchés............	1884	85
— Enquête sur l'empirisme, par M. Brissot. Circulaire du président........	1885	11, 15
— Conférences vétérinaires. Remerciements de M. le Préfet	—	16
— Traitement mystérieux de la mammite chez la vache, par M. Brissot......	—	25
— Conférences vétérinaires............	—	42
— Session du Grand-conseil en 1885....	—	43
— Conférence de M. Collard (aperçu)....	1886	21
— A propos du concours régional de Sedan	—	29
— Conférences vétérinaires en 1885. Circulaire du président...	—	30
— Empirisme. Circulaire du président ..	—	32
— Exercice de la pharmacie	—	33
— Conseil de perfectionnement des Ecoles vétérinaires....................	—	35
— Projet de loi sur l'exercice de la médecine vétérinaire...................	—	41
— Lettre de M. le président à M. le préfet. (Les vétérinaires dans les jurys de concours)................... .	—	45
Discussion : MM. Collard, Aumignon	—	46
— Vœux de la Société à présenter au Grand-conseil....................	1887	83
— Lettres échangées à ce sujet entre le président de la Société et le président du Grand-consc l	—	86
— Conférences vétérinaires............	—	94
— Conférences vétérinaires............	1888	9
— Empirisme. Affaire Tourillon Souscription de la Société	—	37
— Association de secours mutuels entre les vétérinaires.................	—	50
— Projet d'association générale de prévoyance. Rapport de M. Mauclère ..	1889	19
— Projet d'association générale de prévoyance. Rapport de M. Collard....	—	24
— Rapport sur la session du Grand-conseil à Marseille, par M. Lefebvre	—	36
— Adhésion de la Société au Grand-conseil...................	—	78
— Association générale de prévoyance des vétérinaires français..........	—	78

	Années	Pages
— Conseil de perfectionnement des Ecoles vétérinaires	1889	79
— Un vétérinaire faiseur d'empiriques, par M. Collard	—	82
— Appréciation de M. Brissot sur le même sujet	—	83
— Observations de M. Renard, président, au sujet d'un vote	—	89
— Rapport de M. Lenoir sur la session du Grand-conseil en 1889	—	91
— Revendications professionnelles, par Cévermet Juste	—	125
— Vœux de la Société émis à ce sujet	—	137
— A propos du projet de loi sur l'exercice de la médecine vétérinaire	1890	16
— Questions d'intérêt professionnel, par M. Magnin	—	21
— A propos du projet de loi sur l'exercice de la médecine vétérinaire	—	34, 89
— Compte rendu de la session du Grand-conseil pour 1890, par M Renard	—	113
— Quelques notes au sujet du Grand-conseil de 1890, par M. Marchal	—	120
— Note de M. Aureggio au sujet de M. Bardet. *Discussion* : M. Guibert	—	154
— Eloges à M. Aumignon aîné. (Extrait de la séance du Conseil général de la Marne du 7 avril 1891)	1891	25
— Le Président de la République à Châlons. Délégation. Documents divers	—	95
— Les vétérinaires militaires et la loi des cadres, par X	1892	31
Discussion : MM. Mauclère, Gailleur	—	33
— A propos d'une circulaire du Grand-conseil	1893	90
— Au sujet de la réglementation des honoraires des vétérinaires dans la Marne, par M. Doyen	1894	30
— Sur le projet de loi concernant l'exercice de la médecine vétérinaire	—	30
— Les vétérinaires dans les jurys de concours	—	66
— Session de Paris (novembre 1894) du Grand-conseil	—	116
— Conférences vétérinaires	—	117

	Années	Pages
— Conférences vétérinaires............	1895	24
— Compte rendu de la session du Grand-conseil (1894), par M. Brissot......	—	25
— Emploi des vaccins par une personne non diplômée, par M. Lenoir.......	—	33
Discussion : MM. Guibert, Mauclère, Mathis, Lerouge, Collard, Joyeux..........	—	33, 75
— Assemblée générale et banquet de la Société de médecine vétérinaire pratique. Compte rendu par M. Mauclère	—	42
— La loi sur l'exercice de la médecine vétérinaire, par M. Collard.......	--	120
Discussion : M. Guibert.................	—	132

XIII. Partie admnistrative.

(a) Correspondance diverse. Rapports avec l'Administration et les autres Sociétés.

	Années	Pages
— Lettre du président de la Société à M. le Ministre de l'agriculture, relative à l'érection d'un monument à la mémoire de Bourgelat..............	1847-48	20
— Réponse de M. le Ministre de l'agriculture......................	—	22
— Lettre de M. le Ministre de l'agriculture sur les étalons ambulants et rouleurs.....................	1848-49	89
— Passage du Président de la République à Châlons	1850	54
— Souscription volontaire de la Société..	—	57
— Courses du département. Prix offerts par la Société..............	1850 1851 1852 1853	45 45 152 20
— Lettre de M. Lécureux, ancien préfet de la Marne......................	1851	54
— Audience de M. le préfet accordée au président de la Société........	1853	20
— Souscription en faveur du monument Olivier de Serres.................	1854	24
— Lettres de M. le Ministre de l'agriculture. (Envoi d'ouvrages).........	—	25, 38
— Lettre du président à M. le préfet sur l'organisation de la Société........	1856	5

	Années	Pages
— Lettre du secrétaire du congrès scientifique de France et délégation.....	1857	5
— Lettre de M. Charlier, délégué au congrès des sociétés savantes........	1858	30, 38
— Adresse à l'Empereur (attentat du 14 janvier)........................	—	31
— Lettre de M. Debeury (distribution des récompenses à la Sorbonne).......	1862	6
— Souscription pour le monument de Gasparin.......................	—	98
— Compte rendu de l'inspection administrative de M. Lembezat, inspecteur général de l'agriculture...........	1864	40
— Lettre de M. Maygrier, de l'Ecole d'agriculture de la Saulsaie............	—	60
— Circulaire du président de la Société .	1867	6
— Lettre de M. Eug. Gayot. (Don à la Société). Réponse de M. Mauclère....	1868	15, 17
— Au sujet du concours régional agricole.............................	—	25, 27
— Adhésion de la Société à la Société des agriculteurs de France...........	—	28
— Circulaire du vice-président au sujet du concours régional agricole	—	31
— Différentes lettres au sujet de l'affiliation de la Société à la Société des agriculteurs de France...........	—	49
— Lettre de M. le préfet...............	—	12
— Discussion au sujet de la subvention ministérielle (MM. Aumigon, Wibert)	1872	28
— Rectification au procès-verbal.......	1873	6
— Lettre à M. H. Bouley. Réclamation de priorité pour le monument Bourgelat...	1874	17, 23
— Adhésion au congrès national d'hygiène de 1878................	1878	27
— Adhésion au congrès national vétérinaire de 1878	—	28
— Courses de Vitry-le-François.........	1879	7, 29
— Au sujet du diplôme à offrir à M. Pasteur	—	53
— Inauguration de la statue de Bourgelat. Compte rendu du délégué....	1880	6
— Délégation de la Société au congrès pour l'avancement des sciences....	—	10

	Années	Pages
— Souscription au monument Léonce de Lavergne...	1883	27
— Adhésion au congrès sanitaire de 1885. Délégués...	1884	41
— Organisation du congrès sanitaire de 1885...	1884 1885	55, 83 8, 32 43
— Centenaire de Parmentier. Souscription	1886	7
— Monument de H. Bouley. Adhésion de la Société	—	8
— Compte rendu sommaire du congrès sanitaire de 1885. (MM. Guibert et Collard).	—	13
— Monument Bouley et monument Zundel	—	34
— Banquet Chauveau...	1887	35
— Lettres échangées entre le président de la Société et le président du Grand-conseil	—	86
— A propos d'un bulletin sanitaire régional. (Circulaire de la Société vétérinaire des Ardennes)...	1888	39
— Congrès sur la tuberculose. Compte rendu sommaire du délégué...	—	50
— Exposition universelle de 1889. Participation de la Société...	1887 1889	35 18
— Lettre de remerciements à M. le Maire de Châlons...	—	45
— Remerciements à l'administration, par M. Aumignon	—	75
— Adhésion de la Société au Grand-conseil de 1889...	—	78
— Non adhésion au Grand-conseil pour 1891...	1891	84
— Centenaire de Valmy...	1892	36
— Lettre au président de la Ligue agricole. (Incident Collard-Douté)...	1893	80
— Adresse à la médecine vétérinaire russe ...	—	84
— Réponse de l'ambassade de Russie, à Paris ...	1894	11
— Banquet de la Ligue agricole...	—	45
— Réunion annuelle de la Société de médecine vétérinaire pratique...	—	45
— Lettre à Madame Carnot...	—	68
— Souscription au monument Carnot....	—	118

	Années	Pages
— Lettre du président à Madame Carnot .	1894	132
— Note de M. Aureggio sur l'Exposition universelle de 1900.............	1895	18
(b) Distinctions honorifiques. Discours. Banquets.		
— Discours prononcé à la séance d'inauguration de la Société, par le président, M. Gayot du Fresnay.........	1846-47	5
— Discours prononcé à la séance d'inauguration de la Société, par le secrétaire, M. Aumignon aîné..........	—	8
— Allocution de M. Lécureux, président d'honneur (séance du 16 avril 1848)	1847-48	29
— Allocution de M. Gayot du Fresnay, président.................	1867	34
— Félicitations à M. Charlier nommé chevalier de la Légion d'honneur ..	1868	6
— Félicitations à M. Aumignon au sujet d'une médaille d'or décernée par le Ministre	1881	57
— Allocution de M. Delasalle, préfet de la Marne, président d'honneur	1883	8
— Hommage à M. Nocard. (Mission Pasteur en Egypte)....	1884	7
— Avènement de M. H. Bouley à la présidence de l'Institut...	—	30
— Félicitations à M. Nocard pour sa promotion dans la Légion d'honneur..	—	32
— Félicitations à M. Collard (prix de 500 francs à la Société d'encouragement à l'industrie nationale)	1888	9
— Félicitations à MM. Brissot, Champagne et Collard (récompenses décernées par la Centrale)	—	41
— Allocution de M. Aumignon, président honoraire	1889	7
— Allocution de M. Renard, président, lors de son entrée en fonctions ...	—	16
— Félicitations à M. Pernet, nommé chevalier de la Légion d'honneur	—	75
— Nomination de M. Guibert à la fonction de vétérinaire délégué, chef du service sanitaire................	1891	25

	Années	Pages
— Nominations de MM. Renard, George aîné, George jeune, au grade de chevalier du Mérite agricole..	1892	104 107
— Compte rendu de la délégation adressée à M. Renard, par M. Brissot....	1893	11
— Allocution de M. Collard, président, lors de son entrée en fonctions	—	73
— M. Mauclère est nommé vice-président honoraire	—	82
— Banquet confraternel en l'honneur de M. Mauclère................	—	95
— Banquet confraternel en l'honneur de M. Mauclère. Discours de M. Aumignon	—	96
— Banquet confraternel en l'honneur de M. Mauclère. Discours de M. Mauclère	—	77
— Banquet confraternel en l'honneur de M. Mauclère. Discours de M. Collard.	—	79
— Banquet confraternel en l'honneur de M. Mauclère. Discours de M. Brissot.	—	82
— Remise, au nom de la Société, d'une médaille d'honneur à M. Mauclère..	1894	11
— Mentions honorables à M. Brissot (Concours de la Centrale).....	—	64
— Banquet en l'honneur de M. Guibert, vétérinaire départemental, nommé chevalier du Mérite agricole.......	—	105
— Banquet en l'honneur de M. Guibert, vétérinaire départemental, nommé chevalier du Mérite agricole. Discours de M. Collard...............	—	106
— Banquet en l'honneur de M. Guibert, vétérinaire départemental, nommé chevalier du Mérite agricole. Discours de M. Brissot	—	108
— Banquet en l'honneur de M. Guibert, vétérinaire départemental, nommé chevalier du Mérite agricole. Discours de M. Mauclère............	—	109
— Banquet en l'honneur de M. Guibert, vétérinaire départemental, nommé chevalier du Mérite agricole. Discours de M. Guibert	—	111
— Nomination de M. Brissot au grade de chevalier du Mérite agricole......	1895	11

	Années	Pages
— Banquet en l'honneur de M. Brissot, chevalier du Mérite agricole	1895	67
— Banquet en l'honneur de M. Brissot, chevalier du Mérite agricole. Discours de M. Collard	—	67
— Banquet en l'honneur de M. Brissot, chevalier du Mérite agricole. Discours de M. Brissot	—	70
— Election de M. Lenoir comme conseiller d'arrondissement	—	107
— Cinquantenaire de la Société. Comité d'organisation	—	111

(c) Règlements. Motions d'ordre.

Modifications aux statuts.

	Années	Pages
— Modification et fixation des exercices annuels de la Société	1848-49	97
— Article supplémentaire aux statuts de la Société (M. Baudesson)	1850	53
— Sur la publication des travaux de la Société par trimestre (M. Pouillot jeune)	1858	18
— Sur la publication des travaux de la Société, par le président	1859	10
— Sur le réglement de la Société, par M. Gayot du Fresnay	1860	15
Discussion : MM. Wibert, Aumignon aîné	—	18
— Discussion sur le nombre des séances et l'usage des jetons de présence : MM. Gayot, Aumignon aîné, Pilton, Vincent, Loriot, Husson, Descôtes, Renard, Guillemot, Wibert, Baudin.	—	23, 41
— Sur les jetons de présence (MM. Gayot, George)	1861	8
— Lettre de M. Demilly sur la tenue des séances. *Discussion :* MM. Baudin, Wibert	—	8
— Discussion sur l'ordre du jour de chaque séance : MM. Pouillot, Baudin, Wibert, Gayot	—	21
— Lettre de M. Demilly sur différentes questions d'ordre intérieur	1862	8
Discussion : MM. Gayot, Aumignon aîné, George	—	8

	Années	Pages
— Sur l'ordre du jour de chaque séance (MM. Mauclère, Gayot, Wibert)	1864	56
— Impulsion à donner aux travaux de la Société. *Discussion :* MM. Gayot, Hubert, Wibert, Aumignon aîné. . . .	1867	13
— Sur la publication des travaux de la Société et opportunité d'un nouveau secrétaire (M. Aumignon aîné).	—	14, 15
— A propos du renouvellement du bureau, par M. Aumignon	1868	18
— A propos de l'élection d'un président et d'un vice-président, par M. Aumignon aîné	—	30
— Indemnités aux délégués de la Société	1869 1870	32 6
— Interruption des réunions.	1871	6
— Proposition de revision des statuts, par le président.	1871 1872	11 6
— Demande de rectification au procès-verbal, par M. Baudin.	1872	11
— Au sujet du renouvellement du bureau (MM. Mauclère, Aumignon)	—	15
— Différentes questions d'ordre intérieur (MM. Lhote, George, Wibert, Mauclère, Aumignon, Aubry, Dutron). . .	—	30
— Revision des statuts.	1872 1873	17 5, 10
— Incident sur la démission de M. Aubry.	1874	6
— Au sujet d'un local pour la bibliothèque de la Société.	1872 1873 1874	43 22 24
— Sur la fréquentation des séances (MM. Aumignon, Renard, Mauclère).	1876	25
— Propositions du président sur le lieu des séances	1880	34
— Incident sur le procès-verbal, par M. Aumignon aîné.	1881	5
— Réclamation au sujet de la circulation des journaux professionnels entre les membres de la Société, par M. Renard.	—	72
— Proposition de revision des statuts. . .	1883	21
— Revision des statuts.	1887	9
— Statuts, adoption, homologation	—	37, 38. 95
— Au sujet du dépouillement de la correspondance, par M. Guibert.	1894	31

	Années	Pages
— Proposition relative à la publication d'un bulletin trimestriel	1894	67
— Sur l'ordre du jour de chaque séance.	—	69
— Séance extraordinaire de la Société, à Reims	1895	38

(d) Concours.

	Années	Pages
— Programme du concours de 1849.....	1847-48	31
— Compte rendu du concours de 1849 ..	1848-49	91
— Prorogation du concours pour 1850. Programme......................	—	93
— Compte rendu du concours de 1850...	1850	49
— Programme du concours de la Société vétérinaire du Calvados et de la Manche, pour 1851	1851	49
— Projet de concours de maréchalerie, programme, par M. Pilton........	1862	57, 64
Discussion : MM. George jeune, Mauclère, Aumignon aîné......................	—	65
— Correspondance et démarches faites à ce sujet......................	—	98
— Projet de concours de maréchalerie. *Discussion :* MM. Gayot, Wibert, Mauclère, Aumignon..............	1867	23
— Suite de la discussion sur le concours de maréchalerie : MM. Aumignon, Wibert......................	1869	18
— Propositions diverses de concours : MM. Aumignon, Mauclère..........	—	27
— Discussion sur un programme de concours pour 1873 : MM. Aumignon, Mauclère..	1872	29
— Proposition d'un programme de concours (MM. Aumignon, Mauclère)...	1873	11
— Concours libre de 1874. Programme.	—	23
— Compte rendu du concours de 1874. *Discussion :* MM. Collard, Mauclère, Aumignon, Lhote, Husson	1874	32, 42
— Proposition d'un concours à ouvrir par la Société..	1875	8
— Concours pour l'année 1876. Programme....	—	18
— Rapport de M Charpentier sur le concours de 1876..............	1876	53

	Années	Pages
Discussion : M. Mauclère	1876	57
— Concours de 1878. Programme	1877	6
— Concours de 1879. Programme	1878	34
— Rapport de M. Renard sur le concours de 1878	—	34
Discussion : MM. Aumignon, Mauclère, Collard, Charpentier, Vallerand, Renard	—	49
— Rapport de M. Renard sur le concours de 1879	1880	13
Discussion : MM. Charpentier, Mauclère, Regnard, Dupon, Loriot, Rohr, Jacquot, Tayot, Collard, Aumignon	—	28
— Concours de 1881. Programme	—	68
— Résultat du concours de 1881	1882	20
— Concours de 1883. Programme	—	26
— Rapport de M. Renard sur le concours de 1883	1884	8
Discussion : MM. Aumignon, Collard	—	20
— Concours de 1890. Programme	1890	13
— Rapport de M. Brissot sur le concours de 1890	1891	27
Discussion : MM. Renard, Collard, Mauclère, Guibert	—	42
— Concours de 1893. Programme	1893	15
— Rapport de M. Vignon sur le concours de 1893	1894	23
Discussion : MM. Collard, Brissot	—	29
— Concours de 1895. Programme	—	31, 42
— Au sujet d'un concours de maréchalerie	—	117
— Compte rendu du concours de 1894	1895	110
— Discussion au sujet du concours de maréchalerie : MM. Guibert, Blot, Collard	—	23
— Concours régional de maréchalerie. Programme. Prix à décerner	—	38
Discussion : MM. Brissot, Mathis, Mauclère, Collard, Guibert	—	41
— Concours de maréchalerie du 23 juin 1895. Jury. Lauréats. Banquet. Discours	—	55

APPENDICE

(DE 1896 A 1900 INCLUS)

I

Etat de la Société

(de 1896 à 1900 inclus)

Etat récapitulatif des Membres de la Société.

	31 déc. 1896	1er janv. 1898	31 déc. 1900
Membres honoraires	12	12	11
— titulaires	29	29	32
— correspondants	59	56	58
	100	97	101

Bureaux.

Bureau du 18 Octobre 1896 :

Président-né	MM. le Préfet de la Marne.
Vice-président honoraire	Manclère.
Président	Collard.
Vice-président	Guibert.
Secrétaire-trésorier	Brissot.
Vice-secrétaire	Gobeaut.

Le 16 janvier 1898, M. Gobeaut est nommé secrétaire en remplacement de M. Brissot, décédé, et M. Albert Vignon, vice-secrétaire.

Bureau du 15 Octobre 1899 :

Président-né .... MM. le Préfet de la Marne.
Vice-président honoraire .... Mauclère.
Président .... Collard.
Vice-président.............. ... Guibert
Secrétaire-trésorier (1) .... Albert Vignon.
Vice-secrétaire .. .. Paradis.

Nouvelles adhésions, de 1896 au 31 décembre 1900.

19 janvier 1896, MM. Junot, vétérinaire en 2e aux fermes de
    Suippes, correspondant.
19 janvier 1896,   Pinel, vétérinaire à Paris, correspondant.
19 juillet 1896,   Philippe, vétérinaire à Reims, titulaire.
19 juillet 1896,   Cozette, vétérinaire à Noyons (Oise), cor-
    respondant.
18 juillet 1897,   Bass (Eugène), vétérinaire à Goerlitz (Silé-
    sie), correspondant.
17 octobre 1897,   Perrin, vétérinaire à Sézanne, titulaire.
17 octobre 1897,   Paradis, vétérinaire à Dampierre-le-Châ-
    teau, titulaire.
16 octobre 1898,   Lambs, vétérinaire à Suippes, titulaire.
16 octobre 1898,   Payard, vétérinaire à Sermaize, titulaire.
16 juillet 1899,   Decarme, vétérinaire à Epernay, titulaire
15 octobre 1899,   Bichat, vétérinaire à Heiltz-le-Maurupt,
    titulaire.
15 octobre 1899,   Oudet, vétérinaire à Chaumont-Porcien
    (Ardennes), correspondant.
        1899,   Bessay, vétérinaire à Saint-Remy-en-Bou-
    zemont, titulaire.
5 août 1900,   Desaint Maurice, vétérinaire, correspon-
    dant.

Pertes par décès (*de 1896 au 31 décembre 1900*).

MM. Laffitte père, vétérinaire à Puymirol (L.-et-G.), correspon-
    dant, mort en 1896.
    Gillet fils (C.-C.), vétérinaire principal en retraite, à Alençon
    (Orne), correspondant, mort en 1896.

---

(1). M. Gobeaut élu au premier tour de scrutin avait donné sa démission en
faveur de M. Albert Vignon.

MM. Dardoize (J.-E.), vétérinaire, à Etoges, *membre fondateur*, mort le 23 janvier 1896.

Baudin père (A.-A.), vétérinaire à Epernay, titulaire, mort le 11 mai 1897.

Bernard, vétérinaire militaire en retraite à Vitry-le-François, titulaire, mort en 1897.

Brissot (Jules), vétérinaire à Suippes, titulaire, mort le 5 novembre 1898.

Cordier (L.), vétérinaire à Soissons, correspondant, mort en 1898.

Thierry (E.), vétérinaire à Sermaize, titulaire, mort en 1898.

George aîné (C.-E.), vétérinaire à Epernay, titulaire, mort le 31 août 1899.

Charpentier (J.-P.), vétérinaire sanitaire à Paris, correspondant, mort en 1898.

Veber (E.-A.), vétérinaire à Paris, correspondant, mort le 13 septembre 1900.

Loriot (F.-A.), vétérinaire à Suippes, titulaire, mort en 1900.

Maldan (Th.), honoraire, mort en 1898.

Pouillot aîné (P.-L.-A.), vétérinaire à Heiltz-le-Maurupt, titulaire, mort le 25 septembre 1900.

Liste des Membres de la Société au 31 décembre 1900

Membres honoraires.

MM.

	Ecole	Date de sortie
Bourdon, ✳, ✹, ancien maire de Châlons-sur-Marne............................	»	»
Faure (H.), ✳, ✹, ancien pharmacien, ancien député, à La Chaussée...............	»	»
George (J.-F.-E.), O. ✹, vétérinaire à Sainte-Ménehould.........................	Alfort —	1846 1848
Leblanc (Camille), O. ✳, vétérinaire à Paris		
Lhotelain, ✳, O. ✹, président du Comice agricole de Reims, conseiller général.....	»	»
Lefert, ✹, vice-président de la Ligue agricole, conseiller général, à Auve..........	»	»
Maurice, ✹, président honoraire de la Ligue agricole................................	»	»

MM.	École	Date de sortie
Nocard (E.), O. ✹, O. ✿, professeur à l'École d'Alfort..................................	Alfort	1873
Ponsart, ✹, agriculteur à Omey..........	»	»
Rigollet, ✿. O. ◉, président de la Ligue agricole, conseiller d'arrondissement.....	»	»
Rossignol père (J.-H.), ✹, O. ✿, vétérinaire à Melun...........................	Lyon	1860

Membres titulaires.

	École	Date de sortie
Baudin fils (P.-H.), vétérinaire à Epernay...	Alfort	1884
Bessay (A.), vétérinaire à Saint-Remy-en-Bouzemont......................	Toulouse	1885
Beaudier (P.), vétérinaire à Isle-sur-Suippe	Alfort	1882
Bichat (E.-F.-S.), vétérinaire à Heiltz-le-Maurupt....................	—	1899
Blot (P.), vétérinaire à Reims............	Lyon	1887
Bonnemain (A.), vétérinaire à Fère-Champenoise....................	Alfort	1877
Champagne (L.-A.), vétérinaire à Montmirail	—	1880
Collard (A), ✿, vétérinaire à Vitry-le-François....................	—	1866
Decarme (E.-A.), vétérinaire à Epernay.....	—	1880
Gailleur (P.-J.), ✹, vétérinaire militaire en retraite, à Châlons	—	1873
Gobeaut (J.-L.), vétérinaire à Reims......	—	1890
Godon (E.-A.), vétérinaire à Saint-Utin......	—	1870
Guibert (H.-P.), ✿, vétérinaire délégué, à Châlons-sur-Marne....................	—	1877
Husson (P.-E.), vétérinaire à Thiéblemont..	—	1858
Lambs (E.), vétérinaire à Suippes..........	Lyon	1898
Lenoir (L.), ◉, vétérinaire à Vertus, conseiller d'arrondissement................	Alfort	1880
Lerouge (H.), vétérinaire à Epernay	Lyon	1891
Marcout (U.-E.-A.), ✹, vétérinaire militaire en retraite, à Châlons....................	—	1855
Marmois (J.), vétérinaire à Mourmelon-le-Grand....................	—	1880
Mathis (C.), ✿, vétérinaire à Reims........	Alfort	1865
Mauclère (L.-A.), vétérinaire à Reims.....	—	1848
Moreau (J.-L.), vétérinaire à Sézanne......	—	1864
Mouginot, vétérinaire à Droyes (Haute-Marne)....................	—	1885

MM.	Ecole	Date de sortie
PARADIS (L.-E.), vétérinaire à Dampierre-le-Château	Alfort	1897
PAYARD (L.-A.), vétérinaire à Sermaize	—	1898
PHILIPPE (L.-A.), vétérinaire à Reims	—	1891
REIBEL (G.-M.-A.), vétérinaire à Villenauxe (Aube)	—	1882
RIGOT (A.-R.), vétérinaire à Vitry-le-François	—	1892
SUAIRE (J.-E.), vétérinaire à Bassuet	—	1877
TROUSSET (G.-E.), vétérinaire à Reims	—	1894
VIGNON (A.), vétérinaire à Reims	—	1891

Membres correspondants.

	Ecole	Date de sortie
ALISON (P.), vétérinaire à Nancy	Toulouse	1883
AUREGGIO (E), ✳, O. ✸, vétérinaire principal, à Lyon	Alfort	1866
BOUCHER (Hubert), ✸, professeur à l'Ecole vétérinaire de Lyon.	Lyon	1888
CREVELLE (E.-L.), ✳, vétérinaire militaire en retraite	Alfort	1869
CAZENAVE (H.-P.-M.), vétérinaire en premier au 8e hussards	—	1878
CAGNY (P.), O. ✸, ✸, vétérinaire à Senlis (Oise)	Lyon	1874
CHÉNIER (G.-D.), ✳, vétérinaire militaire en retraite, à Chatou (S.-et-O.)	—	1867
COLLIN (L.-O.), O. ✸, vétérinaire à Vassy (Haute-Marne)	—	1853
COZETTE (O.-P.), ✸, vétérinaire à Noyon (Oise)	Alfort	1892
DECLAUDE (N.-C.), ✸, vétérinaire à Troyes (Aube)	—	1876
DEGLAIRE (H.-N.-M.), vétérinaire à le Chesne (Ardennes)	—	1880
DESAINT, vétérinaire	—	1900
DEYSINE (G.-E.), vétérinaire en deuxième au 5e escadron du train	Toulouse	1882
DUGUYOT (P.-A.-O.), vétérinaire, ancien député de l'Yonne	Alfort	1845
DUPON (J.), ✳, vétérinaire militaire en retraite, à Paris	Toulouse	1858
EVRARD (E.), vétérinaire à Maubeuge (Nord)	Alfort	1862

MM.	Ecole	Date de sortie
FLAMENS (A.), ✿, vétérinaire militaire en retraite, à Castelsarrazin	Toulouse	1850
FRANÇOIS (A.-M.), ✿, vétérinaire principal au 22ᵉ d'artillerie	Alfort	1867
FRANÇOIS (L.), vétérinaire en premier au dépôt de remonte de Paris	—	1875
GUÉNON (L.-A.), vétérinaire en premier au 15ᵉ chasseurs	—	1877
HENRIOT (L.-T.), vétérinaire à Chavanges (Aube)	—	1876
HUGUIER (A.-M.-A.), vétérinaire en deuxième au 1ᵉʳ chasseurs	—	1892
HUMBERT (C.-E.), ✿, ✪, vétérinaire militaire en retraite, à Auxerre (Yonne)	—	1872
HUSSON (A.-R.), O. ✪, vétérinaire à Sedan (Ardennes)	—	1867
JARLOT (J.-V.), vétérinaire à Auvilliers-les-Forges (Ardennes)	—	1885
JOYEUX (P.), ✿, ✪, vétérinaire en premier au 14ᵉ dragons	—	1879
JUNOT (C.-M.), vétérinaire en premier au 2ᵉ cuirassiers	—	1881
LAMANÉ (R.-J.), vétérinaire à Roubaix (Nord)	—	1870
LAQUERRIÈRE (A.), ✿, ✪, vétérinaire délégué, à Paris	—	1859
LAURENT (M.-A.), O. ✪, vétérinaire délégué, à Bar-le-Duc	—	1866
LEFEBVRE (E.-L. M.), vétérinaire au Hàvre (Seine-Inférieure)	—	1845
LUTROT (L.-V.), ✿, vétérinaire militaire en retraite, à Paris	—	1861
MAGNIN (L.-H.-F.), vétérinaire en deuxième au 18ᵉ chasseurs	—	1883
MARCHAL (M.-V.-J.-E.), ✪, vétérinaire en premier au 13ᵉ cuirassiers	—	1880
MÉGNIN (J.-P.), ✿, O. ✪, vétérinaire militaire en retraite, à Vincennes	—	1853
MOROT (C.), ✪, vétérinaire municipal à Troyes (Aube)	Lyon	1875
MOUGIN, ✪, docteur en médecine à Vitry-le-François	»	»
MOULÉ (L.-T.), ✪, vétérinaire délégué, à Paris	Alfort	1873
NOISET (C.-E.-H.), vétérinaire à Aubigny (Ardennes)	—	1877

MM.	Ecole	Date de sortie
Ory (J.-A.), ✹, vétérinaire à Fleurs (Loire)..	Lyon	1875
Oudet (G.), vétérinaire à Chaumont-Porcien (Ardennes)............	Alfort	1897
Perrot (C.), vétérinaire en 2ᵉ aux établissements de Suippes	—	1883
Pinel (P.-C.-F.), vétérinaire à Paris	—	1880
Pollet (J.-A.), ✳, ✹, vétérinaire délégué, à Lille (Nord)....	—	1854
Pont (J.-F), vétérinaire en deuxième au 3ᵉ chasseurs...................	—	1883
Quiclet (R.-P.-G.), vétérinaire en premier au 1ᵉʳ chasseurs................	Lyon	1878
Rancoule (J.-E.-L.), ✳, vétérinaire en premier au 28ᵉ dragons..................	Toulouse	1874
Rigollat (J.-L.), ✹, vétérinaire en premier	Alfort	1873
Robin (A.), vétérinaire à Eguilly (Aube).....	—	1880
Rohr (M.-M.), ✹, vétérinaire en premier au 17ᵉ d'artillerie....	—	1878
Simon (F.-J.), vétérinaire à Lunéville (Meurthe-et-Moselle)	—	1883
Tellier (E.), vétérinaire à Cysoing (Nord) ..	—	1886
Tayot (J.-V.), vétérinaire à Lannois-sur-Vence (Ardennes)..................	—	1879
Thary (C.-E.), vétérinaire en deuxième au 5ᵉ dragons....................	—	1880
Touvé (A.-A.), ✳, vétérinaire en premier au 14ᵉ chasseurs.	Lyon	1875
Vincent (E.-F.), vétérinaire à Revigny (Meuse)	Alfort	1853
Vignon (G.-E.), vétérinaire en deuxième au 2ᵉ dragons....	Lyon	1892

Sociétés correspondantes.

Société centrale de médecine vétérinaire.
Société de médecine vétérinaire pratique.
Société des vétérinaires Lorrains.
Société vétérinaire de l'Aube.
Société de médecine vétérinaire du département de l'Oise.
Société de médecine vétérinaire des Ardennes.
Société de médecine vétérinaire des départements du centre.
Société vétérinaire d'Eure-et-Loir.
Société vétérinaire de la Somme.
Société des sciences et arts de Vitry-le-François.

II

Table des matières

par ordre alphabétique des auteurs.

(DE 1896 à 1900 INCLUS)

	Années	Pages
BRISSOT (Jules). Discours prononcé à l'occasion du cinquantenaire de la Société vétérinaire de la Marne.	1896	33
— L'empirisme dans le département de la Marne	—	78
— Méningite chez une vache, consécutive à une fracture ancienne de la corne droite	—	81
— Plaie de la caillette chez un bœuf	1897	15
— La tuberculose du cheval	—	21
— La tuberculose du chien	—	26
— Note sur le traitement du crapaud	—	44
— De l'obliquité latérale gauche de l'utérus, de la déviation ou de son déplacement total ou partiel vers la gauche, chez la vache pleine. Gestion à gauche	—	59
BUIRETTE GAULARD. Discours prononcé aux obsèques de M. Brissot	1898	16
CAGNY (P.). Amélioration du bétail et de la qualité des reproducteurs par la méthode de la mensuration	1900	88
CHAMPAGNE (L.). Hémorragie dans le péricarde par rupture, près son origine, des parois de l'artère pulmonaire	—	33
COLLARD (A.). Discours prononcé au banquet du cinquantenaire de la Société	1896	23
— Communication au sujet de la délivrance des vaccins	—	111

	Années	Pages
Collard (A.). Discours prononcé aux obsèques de M. Brissot	1898	13
— Discours prononcé au cinquantenaire de plusieurs membres de la Société	—	30
— Discours prononcé aux obsèques de M. Edmond Thierry	1899	12
— Certificats sanitaires	1900	36
— Discours prononcé au banquet offert à M. Lenoir, nommé officier d'Académie	—	33
— Discours prononcé aux obsèques de M. Pouillot	—	98
— Conférences à faire aux instituteurs sur la police sanitaire. *Discussion :* M. Guibert	—	104
Cozette (O.-P.). Discours préparé pour les obsèques de M. Brissot	1898	18
Debricon. Discours prononcé aux obsèques de M. Pouillot	1900	100
Decarme (E.-A.). Compte rendu analytique de plusieurs séances de la Société vétérinaire de la Seine-Inférieure	—	45
— Compte rendu sur l'asphyxie par strangulation chez le cheval. (Mémoire de M. Magnin)	—	50
Gailleur (P.-J.). Lésions athéromateuses du cœur (vache)	1899	21
George (J.-F.-E.). Discours prononcé au cinquantenaire de plusieurs membres de la Société	1898	35
Guénon (L.-A.). Le mulet intime	—	Pagin. à part.
Gobeaut (J.-L.). Rapport sur l'organisation du cinquantenaire de la Société	1896	15
Guibert (H.-P.). Discours prononcé au banquet du cinquantenaire de la Société	—	31
— De la castration des chevaux cryptorchides et de la nécessité de vulgariser cette opération	—	105
— Différentes questions de police sanitaire	—	110
— Rapport administratif sur le service sanitaire pour 1896	1897	123
— Au sujet de l'opération de la cryptorchidie	1898	42
— À propos des injections de tuberculine	1899	13

	Années	Pages
GUIBERT (H.-P.). Rapport administratif sur le service sanitaire pour l'année 1898	1899	49
HUGUIER. Voir : *Vignon Albert.*		
JOYEUX (P.). Indigestion chez le cheval	1896	90
LÉNOIR (L.). Notice nécrologique sur M. Dardoize, vétérinaire à Étoges	—	79
— A propos de vœux précédemment émis sur la police sanitaire	—	111
— Vœu relatif aux indemnités accordées pour cause de tuberculose. *Discussion :* MM. Guibert. Collard	1900	42
MAGNIN (L.-H.-F.). Ataxie locomotrice chez le cheval	1897	34
— Plaie fistuleuse de la cuisse entretenue par un fétu de paille	—	37
— Sur un cas d'ascite du chien, d'origine lymphadémique	—	53
— Egagropile chez le cheval, obstruction intestinale avec entéro-péritonite et ascite	1898	23
— Erysipèle phlegmoneux du paturon, consécutif à une application de vésicatoire chez le cheval	1899	18
— Contribution à l'étude de l'asphyxie par strangulation chez le cheval. Voir : *Decarme*	1900	53
MAUCLÈRE (L.-A.). Discours prononcé au cinquantenaire de plusieurs membres la Société	1898	33
— Indigestion, entérite, péritonite, tumeur	1898	49
— Myosite dans le cours de la gourme	1899	35
MAUCLÈRE et A. VIGNON. Sur un cas d'épilepsie causée par la présence, dans la masse cérébrale, d'un cysticercus cellulosœ (chienne)	—	30
— Compte rendu du congrès national vétérinaire de 1900	1900	107
NOCARD (E.). Conférence sur la tuberculose faite le 26 avril 1896, à Châlons-sur-Marne, à l'occasion du cinquantenaire de la Société	1896	35
PHILIPPE (L.-A.). Voir : *Vignon Albert.*		
PERICAUD. Voir : *Vignon Albert.*		
QUERRUAU. Voir : *Vignon Albert.*		

	Années	Pages
REIBEL. Traitement de l'avortement épizootique de la vache	1900	34
ROUSSEL. Discours prononcé aux obsèques de M. Pouillot	—	102
VIGNON Albert. Calculs des poches gutturales	1896	17
— Echinococcose musculaire chez le lapin	—	17
— Jabot œsophagien (cheval)	—	104
Voir : *Mauclère*.		
VIGNON A. et PHILIPPE. Ophtalmie vermineuse (cheval)	1899	26
— Rapport sur le concours de 1899	1900	12, 13
Discussion : MM. Gobeaut, Mauclère, Guibert, Guénon, Gailleur, Decarme, Collard.	—	22
1o Toxines et antitoxiques tétaniques. (Mémoire de M. Péricaud)	—	14
2o Etude sur le traitement de la pneumonie infectieuse. (Mémoire de M. Querruau)	—	17
3o De la difficulté du diagnostic dans certains cas de coliques. (Mémoire de M. Huguier)	—	21
— Interprétation de la loi du 30 mai 1899 concernant les saisies de viande pour cause de tuberculose	—	25
Discussion : M. Guibert	—	30
Voir : *Mauclère*.		
VIGNON Georges. Enzootie de fluxion périodique (cheval)	1899	46

III

Table par ordre des matières.

(DE 1896 à 1900 INCLUS)

	Années	Pages
I. Maladies contagieuses et infectieuses		
— Conférence de M. Nocard sur la tuberculose, faite à Châlons-sur-Marne, le 26 avril 1896, à l'occasion du cinquantenaire de la Société..........	1896	35
— Communication de M. Collard au sujet de la délivrance du vaccin	—	111
— La tuberculose du cheval, par M. Brissot...............................	1897	21
— La tuberculose du chien, par M. Brissot, *Discussion* : MM. L. François, Gailleur, Vignon Albert............. ..	—	26
— A propos des injections de tuberculine, par M. Guibert..................	1899	13
— Myosite dans le cas de gourme, par M. Mauclère. *Discussion* : MM. Paradis, Guibert, Mauclère	—	35
— Discussion sur les injections de sérum antitétanique et de sérum antistreptococcique : MM. Huguier, Decarme, Guibert, Collard.................	—	39
— Rapport de M. A. Vignon sur *les toxines et antitoxines tétaniques*. (Mémoire de M. Péricaud)	1900	14
— Rapport de M. A. Vignon sur *le traitement de la pneumonie infectieuse*. (Mémoire de M. Querruau)........	—	17
— Traitement de l'avortement épizootique de la vache, par M. Reibel........	—	34

	Années	Pages

II. Pathologie et chirurgie.

(a) Appareil digestif.

	Années	Pages
— Indigestion chez le cheval, par M Joyeux. *Discussion :* MM. Collard, Joyeux, Guibert................	1896	90
— Jabot œsophagien (cheval), par M. A Vignon......................	1896	104
— Plaies de la caillette chez un bœuf, par M. Brissot....................	1897	15
— Sur un cas d'ascite du chien, d'origine lymphadénique, par M Magnin......	—	53
— Egagropile chez le cheval ; obstruction intestinale avec entéro-péritonite et ascite, par M. Magnin....	1898	23
— Indigestion, entérite, péritonite, tumeur, par M. Mauclère...........	—	49
— Rapport de M. A. Vignon sur la *difficulté du diagnostic dans certains cas de coliques.* (Mémoire de M. Huguier)......................	1900	21

(b) Système nerveux.

	Années	Pages
— Méningite chez une vache, consécutive à une fracture ancienne de la corne droite, par M. Brissot. *Discussion :* M. Mauclère	1896	81
— Ataxie locomotrice chez le cheval, par M. Magnin....	1897	34

Voir : *Maladies parasitaires.*

(c) Appareil circulatoire.

	Années	Pages
— Lésions athéromateuses du cœur chez une vache, par M. Gailleur	1899	21
— Hémorragie dans le péricarde par rupture, près de son origine, des parois de l'artère pulmonaire, par M. Champagne...................	1900	33

	Années	Pages
(d) **Appareil de la génération.**		
— De la castration des cryptorchides et de la nécessité de vulgariser cette opération. *Discussion :* MM. Collard, Joyeux..............................	1896	105
— Au sujet de l'opération de la cryptorchidie, par M. Guibert. *Discussion :* M. Collard.......................	1898	42
(e) **Appareil locomoteur. Région digitée.**		
— Note sur le traitement du crapaud, par M. Brissot..................	1897	44
— Erysipèle phlegmoneux du paturon, consécutif à une application de vésicatoire chez le cheval, par M. Magnin	1899	17
(f) **Yeux. Oreilles.**		
— Calculs des poches gutturales, par M. Vignon Albert................	1896	17
— Enzootie de fluxion périodique, par M. Georges Vignon	1899	46
Voir : *Maladies parasitaires.*		
(g) **Divers.**		
— Plaie fistuleuse de la cuisse entretenue par un fétu de paille, par M. Magnin	1897	37
Compte rendu d'un mémoire de M. Magnin traitant de *l'asphyxie par strangulation chez le cheval,* par M. Decarme	1900	50
— Contribution à l'étude de l'asphyxie par strangulation chez le cheval, par M. L. Magnin......................	—	53
— Compte rendu, par MM. Mauclère et A. Vignon, du congrès national vétérinaire de 1900	—	107

	Années	Pages
III. Maladies parasitaires non microbiennes.		
— Echinococcose musculaire chez le lapin, par M. A Vignon	1896	17
— Ophtalmie vermineuse (cheval), par MM. A. Vignon et Philippe	1899	26
— Sur un cas d'épilepsie causée par la présence, dans la substance cérébrale, d'un cysticercus cellulosœ, par M. Mauclère...............	—	30
IV. Obstétrique.		
— De l'obliquité latérale gauche de l'utérus, de la déviation ou de son déplacement total ou partiel vers la gauche, chez la vache pleine. Gestation à gauche, par M. Brissot.....	1897	59
Voir : *Maladies contagieuses.*		
V. Physiologie.		
— Le mulet intime, par M. Guénon......	1898	(Pagin. à part.
VI. Zootechnie.		
— Remarques au sujet du concours agricole de Wassy (MM. Collard, Guibert)	1899	45
— Amélioration du bétail et de la qualité des reproducteurs par la méthode de la mensuration, par M. P. Cagny.	1900	88
— Encouragement à donner à l'élevage de l'espèce bovine. (MM. Collard et Guibert)........................	—	43
— Réunion de la Société vétérinaire de la Marne, à Vitry-le-François, le 9 septembre 1900...............	—	87

— 181 —

**VII. Police sanitaire.
Jurisprudence. Médecine légale.
Inspection des viandes.**

	Années	Pages
— Sur différentes questions de police sanitaire, par M. Guibert..........	1896	
— Communication de M. Lenoir au sujet de vœux précédemment émis sur la police sanitaire.................		110
— Rapport administratif sur le service sanitaire en 1896, par M. Guibert...	—	111
— Police sanitaire. Des visites de surveillance. *Discussion :* MM. Guibert, Collard, Ed. George, Mauclère, Moreau, Pouillot aîné	1897	123
— Au sujet de circulaires de la Société vétérinaire de l'Oise et de la Société des agriculteurs de France, concernant le service sanitaire. *Discussion :* MM. Guibert, Collard, A. Vignon....	1898	36
— Sur le sérum de Lorenz. Vœux à adresser aux Sociétés d'agriculture. *Discussion :* MM. Guibert, Collard	—	40
— Déclaration dans le cas de vaccination charbonneuse. *Discussion :* MM. Moreau, Guibert.................	—	47
— Rapport administratif sur le service sanitaire en 1898, par M. Guibert...	1899	26
— Compte rendu analytique de plusieurs séances de la Société vétérinaire de la Seine-Inférieure, par M. Decarme	—	49
— Certificats sanitaires, par M. Collard..	1900	45
— Conférences à faire aux instituteurs sur la police sanitaire, par M. Collard. *Discussion :* M. Guibert.......	—	36
— Vœu de M. Lenoir relatif aux indemnités accordées pour cause de tuberculose. *Discussion :* MM. Guibert, Collard...................	—	104
— Contribution à l'étude de l'asphyxie par strangulation chez le cheval, par M. L. Magnin.............. .	—	42
— Interprétation de la loi du 30 mai 1899 concernant les saisies de viande pour cause de tuberculose, par M. A. Vignon. *Discussion :* M. Guibert.	—	53
Voir : *Maladies contagieuses.*		25, 30

	Années	Pages

VIII. Biographie. Nécrologie.

	Années	Pages
— Notice nécrologique sur M. Dardoize, par M. Lenoir	1896	10
— Mort de M. Colin (d'Alfort)	—	73
— Mort de M. Laffitte père, membre correspondant et de M. Chuchu	—	86
— Mort de M. Baudin père (d'Epernay) et de M. Bernard (de Vitry).	1897	29
— Mort et obsèques de M. Jules Brissot.	1898	11
— Mort et obsèques de M. Jules Brissot. Discours de M. Collard	—	13
— Mort et obsèques de M. Jules Brissot. Discours de M. Buirette-Gaulard	—	16
— Mort et obsèques de M. Jules Brissot. Discours de M. Cozette	—	18
— Mort et obsèques de M. Edmond Thierry	1899	11
— Mort et obsèques de M. Edmond Thierry. Discours de M. Collard	—	12
— Mort de M. George aîné (d'Epernay)	—	41
— Mort de M. Loriot, de Suippes	1900	31
— Obsèques de M. Pouillot, vétérinaire à Heiltz-le-Maurupt	—	97
— Obsèques de M. Pouillot, vétérinaire à Heiltz-le-Maurupt. Discours de M. Collard.	—	98
— Obsèques de M. Pouillot, vétérinaire à Heiltz-le-Maurupt. Discours de M. Debricon	—	100
— Obsèques de M. Pouillot, vétérinaire à Heiltz-le-Maurupt. Discours de M. Roussel	—	102

IX. Intérêts professionnels.

	Années	Pages
— Réunion de la Société des agriculteurs de France. Délégation. Mandat	1896	13
— L'empirisme dans le département de la Marne, par M. Brissot. *Discussion:* MM. Collard, Moreau, Mathis	—	78
— Protestation de la Société contre la nomination Nivet	1897	33

— 183 —

	Années	Pages
— Au sujet de poursuites à exercer contre un empirique....................	1898	23
— Demande d'un tarif pour la visite des animaux mis en vente. *Discussion :* MM. Guibert, Lenoir, Thierry.......	—	43
— Compte rendu de plusieurs séances de la Société vétérinaire de la Seine-Inférieure, par M. Decarme.......	1900	45
— Certificats sanitaires, par M. Collard..	—	36
— Compte rendu du congrès national vétérinaire de 1900, par MM. Mauclère et A. Vignon..........	—	107
Voir : *Police sanitaire.*		

X. Partie administrative.

(*a*) Correspondance diverse. Rapports avec l'administration et les autres sociétés.

	Années	Pages
— Souscription au monument Pasteur...	1896	12
— Délégation à la réunion de la Société des agriculteurs de France........	—	13
— Différentes souscriptions (Monument Colin, etc.)....................	—	89
— Adhésion de la Société au 3e congrès national vétérinaire	1897	31
— Cinquantenaire du comicé agricole de Reims	1897	40
— Au sujet de l'affiliation à la Société des agriculteurs de France (MM. Guibert et Collard).....................	1899	14
— Conférences à instituer. *Discussion :* MM. Collard, Guibert, A. Vignon, Paradis, Lenoir	—	17, 23
— Adhésion de la Société au congrès vétérinaire international de Baden-Baden..............	—	25
— Comité d'organisation du congrès national. Délégation ....·...	—	24
— Congrès vétérinaire de 1900. Adhésion et subvention de la Société........	1900	12, 13 32, 41
— Lettre de M. le préfet au sujet du congrès de 1900....................	—	96

(*b*) **Distinctions honorifiques. Banquets.**

Discours.

	Années	Pages
— Félicitations adressées à MM. Collard, Mathis, à l'occasion de leur nomination dans l'ordre du Mérite agricole et à M Ed. George, nommé officier du même ordre	1896	11
— Rapport de M. Gobeaut sur l'organisation du cinquantenaire de la Société	—	15
— Fête du cinquantenaire de la Société..	—	19
— Fête du cinquantenaire de la Société. Lettre de M. Léon Bourgeois, président du Conseil	—	21
— Fête du cinquantenaire de la Société Lettre de M. Eugène Fosse, préfet de la Marne	—	22
— Fête du cinquantenaire de la Société. Discours de M. Collard	—	23
— Fête du cinquantenaire de la Société. Discours de M. Guibert	—	31
— Fête du cinquantenaire de la Société Discours de M. Brissot	—	33
— Félicitations adressées à M. Joyeux, nommé officier d'Académie	—	77
— Félicitations adressées à MM. Brissot et Cozette (Concours de la Centrale)	—	85
— Félicitations adressées à M. Brissot (Concours de la Société centrale)	1897	12
— Médailles offertes par la Société à MM. George aîné (d'Epernay) et Remy (de Congy), à l'occasion de leur cinquantenaire professionnel et de leur nomination récente dans l'ordre du Mérite agricole	1898	21
— Cinquantenaire professionnel de plusieurs membres de la Société	—	29
— Cinquantenaire professionnel de plusieurs membres de la Société. Discours de M. Collard	—	30
— Cinquantenaire professionnel de plusieurs membres de la Société. Discours de M. Mauclère	—	33

	Années	Pages
— Cinquantenaire professionnel de plusieurs membres de la Société. Discours de M. Éd. George	1898	35
— A propos du renouvellement du bureau de la Société (MM. Collard et A. Vignon)	1899	45
— Banquet offert à M. Lenoir, nommé officier d'Académie	1900	29, 39
— Banquet offert à M. Lenoir, nommé officier d'Académie. Discours de M. Collard	—	39

(c) Réglements. Motions d'ordre. Statuts.

	Années	Pages
— Indemnité à accorder aux délégués de la Société	1898	23
— Chambre de discipline vétérinaire. *Discussion* : MM. Gobeaut, Mauclère, Collard, Guibert	1900	24
— Démission Perrin. *Discussion* : MM. Collard et Guibert	—	36
— Abonnement de la Société à des publications périodiques	—	131

(d) Concours.

	Années	Pages
— Proposition de concours. *Discussion* : MM. Collard, Guibert, Paradis	1899	15
— Rapport de M. A. Vignon sur le concours de 1900	1900	13
Discussion : MM. Gobeaut, Mauclère, Guibert, Guénon, Gailleur, Decarme, Collard.	—	22
— Encouragement à donner à l'élevage de l'espèce bovine. (MM. Collard et Guibert)	—	43
— Réunion de la Société, à Vitry-le-François, le 9 septembre 1900	—	87

TABLE

—

I.

Aperçu historique et renseignements divers.

Pages

Fondation de la Société 1
La Société et le monument Bourgelat............... 5
Membres de la Société... 10
Subventions... 13
Bulletins et travaux 14
Banquet Aumignon-Delasalle......................... 14

II.

Statuts.

Statuts de la fondation.............................. 17
Statuts de 1852..................................... 24
Statuts de 1873 26
Statuts de 1887...................................... 27, 28

III.

Etat de la Société vétérinaire de la Marne.

(*a*) Liste des membres fondateurs 39
(*b*) Liste des bureaux depuis la fondation de la Société 40
(*c*) Liste des membres du bureau depuis la fondation. 42
(*d*) Membres honoraires 44
(*e*) Membres titulaires.............................. 45
(*f*) Membres associés................................ 49

Pages

(*g*) Membres correspondants 49
(*h*) État de la Société au 1er janvier 1896 : 55
    Bureau 55
    Membres honoraires 55
    Membres titulaires 56
    Membres correspondants 57
    Sociétés correspondantes 59

IV.

Prix décernés par la Société depuis sa fondation jusqu'en 1895.

Concours de 1849 60
—   de 1850 60
—   de 1874 61
—   de 1876 61
—   de 1878 61
—   de 1879 62
—   de 1881 62
—   de 1883 63
—   de 1890 63
—   de 1893 63
—   de 1895 63
Concours régional de maréchalerie de Reims 64

V.

Table des matières, par ordre alphabétique des auteurs, de 1846 à 1895 inclus.

    67

VI.

Table des matières des bulletins de la Société vétérinaire de la Marne, de 1846 à 1895 inclus.

Classification 99
I. Maladies contagieuses et infectieuses 101
II. Pathologie et chirurgie 108
    (*a*) Appareil digestif 108

Pages

(b) Appareil respiratoire.................. 114
(c) Système nerveux..................... 115
(d) Appareil circulatoire.................. 115
(e) Appareil de la génération et de la dépura-
    tion urinaire........................ 116
(f) Appareil locomoteur. Région digitée..... 118
(g) Yeux. Oreilles. Peau................. 121
(h) Divers............................. 121
III. Maladies parasitaires non microbiennes........ 123
IV. Obstétrique.............................. 124
 V. Thérapeutique. Pharmacie. Toxicologie. Phy-
    sique et chimie........................ 127
VI. Anatomie. Physiologie. Anomalies........... 130
VII. Zootechnie et hygiène. Agriculture et météoro-
    logie............................... 131
VIII. Police sanitaire. Jurisprudence. Médecine légale. 137
IX. Maréchalerie............................ 145
 X. Histoire. Biographie. Statistiques. Nécrologie... 146
XI. Déontologie............................ 149
XII. Intérêts professionnels.................... 150
XIII. Partie administrative...................... 155
    (a) Correspondance diverse. Rapports avec
        l'administration et les autres sociétés.. 155
    (b) Distinctions honorifiques. Discours. Ban-
        quets.......................... 158
    (c) Règlements. Motions d'ordre. Modifica-
        tions aux statuts.................. 160
    (d) Concours...................... 162

Appendice.

DE 1896 A 1900 INCLUS)

I.

Etat de la Société.

Pages

Etat récapitulatif des membres de la Société......... 164
Bureaux.. 164
Nouvelles adhésions.................................... 165
Pertes par décès 165
Liste des membres de la Société au 31 décembre 1900   166
Sociétés correspondantes............................... 171

II.

Table par ordre alphabétique des auteurs.

173

III.

Table par ordre des matières.

 I. Maladies contagieuses et infectieuses   177
II. Pathologie et chirurgie   178
        (a) Appareil digestif.......................   178
        (b) Système nerveux........................   178
        (c) Appareil circulatoire..................   178
        (d) Appareil de la génération   179
        (e) Appareil locomoteur. Région digitée ...   179
        (f) Yeux. Oreilles.........................   179
        (g) Divers.   179
III. Maladies parasitaires non microbiennes   180
IV. Obstétrique...................................... 180

		Pages
V.	Physiologie	181
VI.	Zootechnie	181
VII.	Police sanitaire. Jurisprudence. Médecine légale. Inspection des viandes	181
VIII.	Biographie. Nécrologie	182
IX.	Intérêts professionnels	182
X.	Partie administrative	183
	(*a*) Correspondance diverse. Rapports avec l'administration et les autres sociétés	183
	(*b*) Distinctions honorifiques. Banquets. Discours	184
	(*c*) Règlements. Motions d'ordre. Statuts	185
	(*d*) Concours	185

5725. — Châlons, imp. de l'Union rép.